내가 많이다

내가 왕이다

지은이	김성현
펴낸이	성상건
펴낸날	2025년 8월 22일
펴낸곳	도서출판 나눔사
주소	(우)10270 경기도 고양시 덕양구 푸른마을로15 301동1505
전화	02.359.3429 팩스 02.355.3429
등록번호	제 2-489호(1988년 2월 16일)
이메일	nanumsa@hanmail.net

ⓒ 김성현, 2025

ISBN 978-89-7027-852-0 (02230)

값 10,000원

*이 책의 판권은 지은이와 도서출판 나눔사에 있습니다.
*잘못된 책은 바꾸어 드립니다.

사 사 기
짧은 묵상

내가 왕이다

김성현 목사

나눔사

머리말

코로나로 비대면 예배를 드려야 할 때
영상장비나 방송시설이 없어서
늘 만년필로 쓴 설교를 다시
요약해서 밴드에 올리기 시작했습니다.
성도들이 밴드의 설교를 필사하면서
새로운 감동과 성령의 교통하는
은혜를 누리면서 코로나 한 가운데서도
교회는 든든했고 갑절로 부흥했습니다.

기록된 말씀이 주는
은혜의 파장을 나누자고
교회 창립 50주년을
기념하면서 감히 책으로 내게 되었습니다.
밴드의 글을 보시고 용기를 주신
성상건 사장님의 부추김과
썰렁한 예배당에 사랑의 온기를 입히시는
김상익목사님(경기중앙교회)
이영선목사님(인천단비교회)
임대식목사님(부산평화교회)
김성준목사님(홍콩동신교회)

박문혁목사님(영종천성교회)과 사모님들의
사랑과 헌신의 덕분입니다.

주님은 글을 남기지 않으셨습니다.
제자들과 성도들의 기억 속에 있던
주님이 하신 말과 행적을 기록하니
성경이 되었습니다.

말씀은 문자나 언어에 고착되지 않습니다.
성령의 역사로 지금,
나에게 하시는 하나님의 말씀으로
살아납니다.
한 줄의 말씀, 혹은 단어 하나에서
하나님이 나를 찾아오시고
죽어가는 모든 시간과 존재를
살리십니다.

사사기는 이스라엘의 실패를 기록합니다.
그 실패의 기록을 우리가 다시 써야합니다.
언제나 내가 왕인 줄 아는
여전한 죄의 펜데믹 속에서

내가 왕이다!
일 하시는 주님을 따르고 고백하는
하나님 나라를 소망하며…

격려의 글

내가 왕이라고요? 이거 완전 시대착오적인 말 아닙니까?
오늘 같은 민주 시민 사회에서 왕을 논한다는 것은
절대 맞지 않습니다. 과거 고대 사회에나 또는
독재국가에서나
있을 수 있는 정치체제일 뿐입니다.
그런데 아직도 왕을 이야기한다니요?
사사라는 단어도 요즈음에는 쓰지 않는 말이지요.
그 뜻도 의미도 잘 모릅니다.
그런 단어가 왜 성경에는 중요하게 사용되고 있고,
또 어떤 이는 즐겨 설교 시간에 언급을 하고 있는 것일까요?
조은(朝恩) 김성현 목사님은 이 어려운 문제와 씨름하고
있습니다.
왜 일까요? 아마도 시대와 사회를 뛰어넘어 우리에게
꼭 필요한 진리를 찾고, 그 도를 함께 나누고 싶은
끝없는 열정을 설교를 통해서,
이 책을 통해서 전달하는 것이라 생각듭니다.
그렇다면 그 진리의 핵심은 무엇일까요?
저는 한 줄 한 문장 한 단어를 천천히 꼭꼭 씹어 읽어가며

찾아가고 있습니다. 게다가 지루하지 않고 재미가 차고
넘칩니다.
성경이 말씀하고자 하는 본질에서 한눈 팔지 않고,
잠깐 곁길로 빠지는 것 같다가 다시 지름길로 되돌아오는
이 책은 읽을수록 새록새록 그 맛이 깊어지는군요.

평화교회 원로목사 時雨임대식

은퇴하고 자리잡은 양평에서 출석하는 교회의
담임목사님께서 설교집를 출판하게 됨을 진심으로 축하합니다.

가끔 결혼식이나 생일잔치 자리에 초대받아 가는데
차린 것은 많으나 먹을 것이 없는 경우가 있습니다.
설교도 마찬가지입니다. 많은 이야기를 들었는데 막상
설교가 끝나면 기억나는 것이 없는 경우가 있습니다.

그러나 김성현목사님은 성경에서 핵심적인 주제를 찾아내고
그 말씀을 우리 삶에 적용시켜 한번 들으면 오랫동안
여운이 남는 설교를 하는 분입니다.
이번에 출판하는 사사기 강해의 "나는 왕이다"도
역시 성경의 핵심을 꿰뚫는 말씀들로 가득 차 있습니다.
읽는 분들에게 하나님의 은혜가 넘치게 될 것을 확신합니다.

홍콩동신교회 원로목사 김성준

담임목사님께서 2021년-22년, 코로나 때 설교하신
사사기 - "나는 왕이다"를 교회창립 50주년을 기념해서
책으로 내실 일은 온 교회가 바라던 일이기에
하나님의 은혜에 감사하고 영광입니다.

부임하신지 27년, 성도들과 함께 희노애락을 겪으시면서
하나님의 사도로 오직 말씀 전하시는 일에 전력을
다 하셨습니다. 사사기 시대에는 이스라엘 민족이
왕이 없어 자기 소견에 옳은 대로 살았는데
오늘 날, 우리는 영적 사사시대에 살고 있지 않는가?
생각합니다. 문화와 문명이 최고도로 발전하여
살기는 편해지는데 우리의 영적 수준은 피폐해지고
어두운 시대를 살아갑니다.
성실하게 밴드에 올린 말씀을 읽고 옮겨 쓰며
묵상하고 마음에 새겨 하나님의 나라를 바라보면서
회개하고 깨어 기도하게 되었는데 책으로 나오니
이웃에게 선물하여 교회의 부흥을 기대합니다.

김혁기 장로

지난 50년 동안 교회를 지키시고 은혜를 베푸시는
하나님께 감사하며 영광을 돌립니다.
많은 일들이 있었습니다. 기쁘고 즐거운 일들,

힘들고 아팠던 일... 모든 순간이 임마누엘의 은혜였고
한결 같이 하나님의 뜻만 외치시고 성도들을
섬겨주신 목사님께 감사의 마음을 전합니다.
앞으로도 우리교회가 더욱 선교적 책임을 다 해
가리라고 기대가 큽니다. 할렐루야!

김옥희 장로

깊은 샘물을 길어 올리듯 귀한 생수와 같은 말씀에
늘 은혜였는데 듣지 못 했던 사사기의 말씀을 책으로
볼 수 있게 되니 감사하고 축하합니다.
사사시대의 혼란하고 패역하며 불순종했던 백성들을
회복시키시고 구원의 역사를 이루신 하나님께서
이 시대에도 여전히 자기의 이름을 위하여 자기 백성을
의의 길로 인도하심을 이 책을 통하여 보며
은혜를 받게 되기를 기대합니다.
하나님의 은혜와 김성현목사님의 수고에 감사드립니다.

박문혁목사(영종도천성교회은퇴)

차례

머리말 4
격려의 글 6

끝나지 않은 전쟁 12
절반의 순종 18
불협화음 24
우상속에서 29
옷니엘-하나님이 나의 힘 35
왼손잡이 에훗 40
농부 사사 삼갈 47
바락의 믿음 52
여자 사사 드보라 56
드보라의 노래 62
후회를 넘어서서 67
이름 없이 빛도 없이 72
큰 용사 기드온 76
큰 용사여! 81
여호와 샬롬 85
여룹바알 90
기드온과 300명 96
친절한 하나님 102
여호와를 위하여 108
성공의 덫 114

기드온의 올무	119
가시나무 왕	124
하나님의 약점	129
다 품으시는 하나님	135
믿음과 순종	141
수수께끼	146
믿음의 용량을 키우자	151
축복과 비극	156
라맛래히 & 엔학고레	161
밧세바 신드롬	165
위험한 성공	171
말짱 도루묵	176
믿음-묶여진 관계	180
삼손과 들릴라	185
선을 넘은 사람	190
절망 속에 핀 희망	194
삼손의 기도	199
삼손의 잘못	204
삼손의 죽음	209
내 마음대로	214
선택의 기준	219
남은 것이 무엇이냐	225
예배가 우선입니다	230
영접하는 자	234
누가 이겨도 안 좋다	239
비극과 모순	244

끝나지 않은 전쟁
{사사기 1:1 - 7}

—

코로나도 변이가 문제요
우리 인생도 변수가 많습니다.
변치 않으시는 하나님의 인도와
보호하심으로
평안하시길 기원합니다.

여호수아가 죽은 후에

사사기는 여호수아 죽음 후 왕정시대 전까지의
이스라엘 역사를 기록한 역사서입니다. 그래서
'여호수아가 죽은 후에' 로 첫 마디를 시작합니다.

출애굽을 이끈 모세가 죽을 때 여호수아가 후계자로
지명됩니다.
그런데 **'여호수아 죽은 후에'** 는 후계자가 없습니다.
이스라엘 백성들의 혼란과 낙심이 예상됩니다.
그래서 이스라엘 자손들이 여호와께 여쭙니다.

**여호수아가 죽은 후에 이스라엘 자손이 여호와께 여쭈어
이르되 (삿1:1)**

그동안은 모세가 여쭙고, 여호수아가 여쭈었는데
이제는 이스라엘 자손들이 하나님께 묻습니다.
이스라엘 백성 한 사람 한 사람이 여호수아입니다.
오늘 내가 여호수아입니다.

다른 사람의 잘못으로 억울할 수 있습니다.
세상의 잘못된 방법과 내용으로 괴롭고 불편할 수 있습니다.

그러나 역사와 인생의 주인이 하나님이심을 알지
않으십니까?
여호수아가 죽었다고, 지도자가 없다고
핑계가 되고 원망이 되지 않고,
다른 사람의 잘못이나 문제를 비난하지 말고
나 자신의 인생을 살아내야 합니다.
'네가 여호수아가 되라'

누가 먼저 올라가서 싸우리이까

**여호수아가 죽은 후에 이스라엘 자손이
여호와께 여쭈어 이르되 우리 가운데 누가 먼저 올라가서
가나안 족속과 싸우리이까 (삿1:1)**

이스라엘 백성들이 하나님께
새로운 지도자를 달라는 게 아니라 여호수아가 앞장서서
진행하던 가나안 정복이라는 하나님의 명령을 이루기
위해 '누가 앞장설까요?' 를 묻습니다.
질문의 수준이 그 사람의 수준이요 실력입니다.

무엇을 기도하는가? 기도의 제목이 믿음의 수준입니다.

내 문제, 내 소원의 간절함보다 하나님의 뜻과 말씀을
앞세우는 기도와 삶을 살아야 합니다.
그렇게 이스라엘은 하나님의 뜻을 앞세웠고
끝나지 않은 전쟁 속에서 함께 하시는 하나님으로
승리의 노래를 부를 수 있었습니다.

다시 쓰는 결론

그런데 사사기는 충격적인 결말을 보여줍니다.
그 때에 이스라엘에 왕이 없으므로 사람이
각기 자기의 소견에 옳은 대로 행하였더라
왕이 없으므로... (삿21:25)
왕이 없다는 핑계로,
지도자가 없다고 자기 마음대로, 자기 생각대로 살았습니다.
왕이 없어도 하나님이 계신데...하나님이 왕이신데...

"각기 자기의 소견에 옳은 대로 행하였더라"
믿음으로 하지 않는 것이 죄입니다. 행한 대로 받습니다.
죄의 값은 사망입니다.
아도니 베섹이 도망하는지라 그를 쫓아가서 잡아
그의 엄지손가락과 엄지발가락을 자르매

**아도니 베섹이 이르되 옛적에 칠십 명의 왕들이 그들의
엄지손가락과 엄지발가락이 잘리고
내 상 아래에서 먹을 것을 줍더니
하나님이 내가 행한 대로 내게 갚으심이로다 (삿1:6-7)**
베섹왕 아도니는 행한 대로 하나님의 심판을 받습니다.

자기 소견의 옳은 대로 살면 행한 대로 심판을 받습니다.
그렇게 우리는 죄의 값으로 사망입니다.
그런데 예수님의 대속의 은혜를 입어 우리의 행위가
가리움을 받습니다.
행한 대로가 아니라 믿음의 은혜로 받습니다.
**자기 아들을 아끼지 아니하시고 우리 모든 사람을
위하여 내어주신 이가
어찌 그 아들과 함께 모든 것을 우리에게 주시지
아니하겠느냐 (롬8:32)**
믿음으로 살면 모든 것을 받습니다.
모든 상황, 내 삶의 어떠함에도 하나님께 여쭈어
의지하고 순종함으로
내게 능력 주시는 자 안에서 내 삶의 어떠함에도
내가 **모든 것을 할 수 (빌4:13)** 있는 자 되시기 바랍니다.

그런데 이스라엘은 변질되었습니다.
처음 사랑을 잃었습니다.
그 실패의 기록을 우리가 다시 써야합니다.
사사기의 결론을 다시 씁시다.
**「그때에 이스라엘이 하나님을 왕으로 모심으로
하나님이 보시기에 옳은대로 행하였더라」**

인생 - 아직 끝나지 않은 전쟁 입니다.
온갖 문제와 잘못들을 나와 세상에서 봅니다.
그것을 핑계하지 마세요.
비난하면서 자신은 아닌 척 숨지마세요.
내게 주어진 삶을 믿음으로 살아내세요.
오늘 하루를 하나님의 사람으로
진지하게 살아낼 수 있지 않습니까?

그래서 함께하시는 하나님의 손길이 빚으시는
은혜와 기적을 간증할 수 있기를
두 손 모아 기도합니다.

절반의
순종
{사사기 1:11-21}

—

이스라엘이 약속의 땅, 가나안을 정복하고
정착할 때, 가나안의 원주민을 온전히
쫓아내야 합니다. 그래서 하나님만을 섬기는
나라로 주변 나라들이 하나님을 볼 수 있게
제사장나라가 되어야합니다.
그 땅의 원주민을 너희 앞에서 다 몰아내고
그 새긴 석상과 부어 만든 우상을 다
깨뜨리며 산당을 다 헐고 그 땅을 점령하여
거기 거주하라 내가 그 땅을 너희 소유로
너희에게 주었음이라 (민수기33:52)

못한 것 인가?, 안 한 것인가?

**'유다가 또 가사 및 그 지역과 아스글론 및
그 지역과 에그론 및 그 지역을 점령하였고'** (삿1:18) 로
끝났으면 아주 고무적이고 사사기 전체에 좋은 징조가
되었을 것인데 **여호와께서 유다와 함께 계셨으므로 그가
산지 주민을 쫓아내었으나 골짜기의 주민들은 철 병거가
있으므로 그들을 쫓아내지 못하였으며** (삿1:19) 하나님이
함께 계셨음에도 하나님을 믿지 못하고 철 병거를 더
무서워해서 쫓아내지 못했습니다.

가나안의 산물인 철 병거가 마음에 들어
그것을 만드는 가나안사람을 쫓아내지 않고
노역을 시키는 것이 경제적으로 타당하고 고생을
덜 한다는 점에서 쫓아내지 않았습니다.
편의가 순종을 이긴 겁니다.
**이스라엘이 강성한 후에야 가나안 족속에게
노역을 시켰고 다 쫓아내지 아니하였더라** (삿1:28)

보암직도 하고 먹음직도 한 '선악과'의 매력처럼
하나님의 말씀을 불순종할 정도로 철 병거로 상징되는

가나안, 세상의 매력과 유혹이 치명적입니다.

그래서 12지파 모두가 가나안을 쫓아내지 못 합니다.

아니 쫓아내지 않는 겁니다.

아니 쫓겨나가지 않습니다. 가나안사람들의 의지와

끈기가 하나님의 백성들보다 우월했습니다.

므낫세가 .... 주민들을 쫓아내지 못하매

가나안 족속이 결심하고 그 땅에 거주하였더니 (삿1:27)

하나님의 백성이 하나님을 모르는 백성보다

그 의지와 결단, 용감함에서 졌습니다.

우리가 하나님의 축복을 누리지 못하고

전심으로 예배하지 못하는 이유는 힘이 없어서가 아니라

하나님의 힘을 믿는 믿음이 없기 때문입니다.

절반의 순종은 불순종입니다.

폭탄을 품고

지난 주(21년3월1일) 영국의 한 대학 근처에서

2차 세계대전 때의 폭탄이 발견되고 옮겨 해체할 수 없어

현장에서 폭발시켰다는 보도처럼 유럽은 땅 속

곳곳에 아직도 폭탄이 있답니다.

겉으로는 가나안을 정복하고 점령한 것처럼 보이지만

가나안 족속과 함께 사는 것은 땅 속에 파묻힌 폭탄입니다.
사사기 내내 곳곳에서 터집니다. 그것이 세상입니다.
우리의 인생입니다.
**너희는 이 땅의 주민과 언약을 맺지 말며 그들의
제단들을 헐라 하였거늘 너희가 내 목소리를 듣지
아니하였으니 어찌하여 그리하였느냐
그러므로 내가 또 말하기를 내가 그들을 너희 앞에서
쫓아내지 아니하리니 그들이 너희 옆구리에 가시가
될 것이며 그들의 신들이 너희에게 올무가 되리라
하였노라 (삿2:2-3)**

하나님은 우리 삶의 일부가 아니라 모든 영역에서
주권자이시길 원하십니다.
그런데 이스라엘은 하나님의 목소리를 듣지 않고
선악과, 철 병거의 가나안을 자기들의 소견에 좋은대로
좇아 살아 곳곳에서 가시와 올무에 걸리고 폭탄 터지는
불협화음을 냅니다.
우리가 어떤 것을 우상으로 삼으면
그것 때문에 괴롭고 오히려 그것에 묶여 노예가 됩니다.
결혼, 자녀, 사업, 일, …믿음에 기반하지 않으면,

말씀에 순종하지 않으면 폭탄입니다.
절반의 순종은 폭탄입니다.
폭탄 돌려 막지 마시고 온전한 순종으로
하나님이 주인되시게 하여 온전한 은혜를 누려야합니다.

십자가로, 예수로

여호수아 15:16-19의 갈렙, 옷니엘, 악사의 기록이
반복하여 사사기 1장에 등장하는 것은 가나안사람을
쫓아내는 일에 이스라엘이 어떠해야 하는지를
보여줍니다.

**그 날에 여호와께서 말씀하신 이 산지를 지금 내게
주소서 당신도 그 날에 들으셨거니와 그 곳에는 아낙
사람이 있고 그 성읍들은 크고 견고할지라도 여호와께서
나와 함께 하시면 내가 여호와께서 말씀하신 대로
그들을 쫓아내리이다 (수14:12)**

갈렙은 하나님이 약속하신 땅이 험한 산악지대이고
강력한 아낙 사람이 있고 견고해서 점령하기에 쉽지
않음을 알면서도 하나님이 주신 약속을 갈망합니다.
옷니엘(하나님은 나의 힘이다 라는 뜻)도 갈렙의 말을 따라
하나님의 힘으로 기럇 세벨을 점령하고 갈렙의 딸,

악사를 신부로 얻습니다.
예수 그리스도의 모형으로 첫 번째 사사가 되어
나라를 구원합니다.
악사도 약속으로 받은 땅으로 가기를 주저하지 않습니다.
온전한 순종으로 나머지 백성의 절반의 순종을
꾸짖습니다.

십자가에 죽기까지 복종하신
예수님의 온전한 순종이 하나님의 의를 이루시고
우리를 의롭게 하셔서 구원하셨습니다.
이제 주님을 영접하여 주님과 함께하는 성도로
내 안에 죄와 욕심의 우상, 옛 사람을 쫓아내야 합니다.

그래서 온전한 순종으로,
오직 믿음으로 행하는 삶으로
하나님의 간섭하심과 인도 속에 가나안을 누리는,
이 땅에서도 천국을 누리는 삶으로
하나님의 자녀된 복된 신분을 증거하셔야 합니다.
이 일에 큰 진전이 있기를 중보합니다.

불협화음
{사사기2:1-5}

—

죽은 것 같았던 나무에 물이 오르고
푸른빛이 돌며 새 잎이 돋아 나듯 새 희망의
봄이 열리기를 축복합니다

인생은 불협화음입니다.

코로나로 온 세계가 불협화음의 극치를 보여줍니다.
세상이, 자연이 불협화음을 내고 있습니다.
더 좋은 국가 체계와 법 체계, 경찰력에도 범죄는 더 늘고
악랄합니다. 첨단과학기술로 편리해졌는데
살기는 더 힘듭니다. 인생이 불협화음입니다.
하나님과 불협화음이기 때문입니다.
사사기는 그 마지막까지 계속된 거역과 거듭된 반역의
역사, 하나님과의 불협화음을 기록합니다.

그 때에 이스라엘에 왕이 없으므로 사람이
각기 자기의 소견에 옳은 대로 행하였더라 (삿21:25)

가나안을 정복하고 12지파가 땅을 분배받았고
이제 가나안의 남은 잔당만 쫓아내면 되는데
1:19절 이하에서 이 일에 실패합니다.
오히려 단지파는 아모리 사람에게 산으로 쫓겨 갑니다.

너희는 이 땅의 주민과 언약을 맺지 말며
그들의 제단들을 헐라 하였거늘 너희가 내 목소리를 듣지
아니하였으니 어찌하여 그리하였느냐 (삿2:2)

못한 것은 능력이 없어서가 아닙니다.
신앙의 문제요 순종의 문제입니다.
하나님의 말씀을 듣지 않은 것입니다.
이스라엘은 거듭해서 하나님과 불협화음입니다.

그럼에도 하나님은 계속해서 끊임없이 찾아오십니다.
구원하십니다. 사사기의 12명의 사사가 증거입니다.
그렇게 주님이 오셨습니다.
고난 당하시고 십자가에 죽으셨습니다.
(세상의 어떤것도) 우리를 우리 주 그리스도 예수 안에 있는 하나님의 사랑에서 끊을 수 없으리라 (롬8:39)

온갖 문제와 인생의 불협화음 속에서
그것을 핑계치 말고 비난하지 말고
주어진 어떤 상황에서도 믿음의 노래를 부르세요.
하나님과 화음을 맞춰가세요.

어떤 불협화음으로 괴로움을 겪고 계십니까?
그 속에 하나님이 구원을 담으시고
은혜로 가득 채우실 것입니다.

길갈에서 온 여호와의 사자

여호와의 사자가 길갈에서부터 보김으로 올라와 (삿2:1)
범람하는 요단강에 법궤를 멘 제사장들의 발이
잠기자 흘러내리던 물이 멈추고 백성들이 무사히 건너
가나안에 첫 발을 디딘 곳이 길갈입니다.
그곳에 12개의 돌로 기념비를 세웠습니다.
이는 땅의 모든 백성에게 여호와의 손이 강하신 것을
알게 하며 너희가 너희의 하나님 여호와를 항상 경외하게
하려 하심이라 하라 (수4:24)

그런데 지금 이스라엘은 여호와의 손이 강하신 것을
모릅니다. 의지하지 않습니다.
그 후에 일어난 다른 세대는 여호와를
알지 못하며 여호와께서 이스라엘을 위하여
행하신 일도 알지 못하였더라 (삿2:10)
여호와를 경외하지 않습니다.
여전히 계속해서 거역합니다.

길갈을 잊지 말아야 합니다.
길갈을 회복해야 합니다.

가시와 올무

그러므로 내가 또 말하기를
내가 그들을 너희 앞에서 쫓아내지 아니하리니
그들이 너희 옆구리에 가시가 될 것이며
그들의 신들이 너희에게 올무가 되리라 하였노라 (삿2:3)

그 가시와 올무로 이스라엘 역사가 불협화음입니다.
성공과 부요함, 건강과 형통함
그것들이 가시가 되고 올무가 됩니다.
그래서 인생은 불협화음입니다.

그렇게 자기 소견이 좋은 대로 살아
하나님과 불협화음인 우리에게 쏟을 가시와 올무의
저주를 예수님이 당하셨습니다
그것이 십자가의 사랑, 부활의 축복입니다.

사순절을 보내면서
하나님의 강력한 사랑을
십자가에서 확인하시고 나의 삶에서 경험하시도록
하나님을 경외하는 믿음이 강력해지시길 중보합니다.

우상 속에서
{사사기 2:11-23}

―

사사기 2장까지는 사사기의
서론인 동시에 결론입니다.
쫓아내지 못한 가나안 족속이 가시와
올무가 되어 이스라엘은 괴롭힘을 당합니다.
하나님의 말씀을 거역한 때문입니다.
사사기 내내...우리 인생 내내...
끝장내셔야합니다.
믿음으로! 주님 예수로!

가나안의 맛에 빠지다.

광야 40년, 만나와 메추라기만 먹던 이스라엘이 가나안
땅의 농산물과 과일들을 먹고 좋은 옷을 입고, 재미나게
사는 가나안 사람들의 문화와
발전되고 편리한 기술에 젖어 하나님의 말씀을 잊습니다.
하나님을 거역하고 그들과 함께 어울려 사는 길을
택합니다. 가나안의 맛에 빠져 그렇게
행복할 줄 알았습니다.
그런데 어울려 살게 놔둔 가나안 족속들의 침략과
노력으로 수고한 것들을 빼앗기는 횟수와 강도가 점점
더해갑니다.
가나안의 맛, **가시가 되고 올무가 됩니다. 괴로움입니다.**

우상의 맛에 젖다.

가나안과 어울리려니 '바알'과 '아스다롯'의 산당에서
우상을 숭배하게 됩니다.
'바알'은 남신으로 하늘의 바람과 비를 주관합니다.
'아스다롯'은 여신으로 땅의 곡식, 가축, 다산을 주관하고
이 둘이 교접할 때 땅이 기름져 풍년이 들고
출산을 하게 되니 산당에서는 항시 제사와 함께 이 둘을

자극하도록 여사제(공창)와의 매춘이 있습니다.
그래서 17절에 우상숭배를 "음란하듯 좇아"로
표현합니다.
**그들이 그 사사들에게도 순종하지 아니하고 오히려 다른
신들을 따라가 음행하며 그들에게 절하고 여호와의
명령을 순종하던 그들의 조상들이 행하던 길에서 속히
치우쳐 떠나서 그와 같이 행하지 아니하였더라 (삿2:17)**

인간은 자기 유익과 '나'라는 존재를 살찌우기 위해
우상을 만들어냅니다. '나'가 주체고 신(우상)은 나를
열심히 도와주면 됩니다. 그러도록 먹을 것으로,
치성으로 신을 달래서 나를 돕게 합니다.
그런 식으로 하나님께도 하나님을 달래는 정도로
종교생활을 하는 분들이 있습니다.
교회 다니니 복 주세요. 예배드려 줄테니 도와주세요.
헌금 받으시고 일 좀 잘 되게해주세요.

하나님은 '알라딘의 마술램프'가 아닙니다.
필요할 때 문지르면 '주인님. 뭘 도와드릴까요?'
하고 나타나는 분이 아니지요.

이것은 우상숭배, 아니 '자아숭배'입니다.

선악과가 이것이었고 사탄입니다.

그리고 그 결과는 실낙원이요 하나님과의 단절로

진노와 괴로움입니다.

여호와께서 이스라엘에게 진노하사

노략하는 자의 손에 넘겨주사 그들이 노략을 당하게

하시며 또 주위에 있는 모든 대적의 손에 팔아 넘기시매

그들이 다시는 대적을 당하지 못하였으며

그들이 어디로 가든지 여호와의 손이 그들에게 재앙을

내리시니 곧 여호와께서 말씀하신 것과 같고 여호와께서

그들에게 맹세하신 것과 같아서

그들의 괴로움이 심하였더라 (삿2:14-15)

실제의 적은 "나"

이는 이스라엘이 그들의 조상들이 지킨 것 같이

나 여호와의 도를 지켜 행하나 아니하나

그들을 시험하려 함이라 하시니라 (삿2:22)

이스라엘은 시험에 탈락했습니다.

못 지켰습니다. 안 지켰습니다. 지킬 힘이 없습니다.

가나안에서, 우상속 에서 사는 이스라엘,

지금의 교회와 지체된 성도, 그리고 모든 인간은
내 힘으로 나를 지킬 힘이 없습니다. 왜냐하면 내가
죄인이요, 죄의 주체이기 때문이지요.
내가 적입니다.
잘 살자고 하면서 스스로 죽습니다.
행복하자고 하면서 하는 일과 수고로 불행하고
스스로를 죽입니다. 죽음을 이기지 못합니다.
실제의 적은 '나' 입니다.
내 안에 죄가, 내가 주인 되고자 하는 욕심으로
하나님께 대적합니다.

그럼에도 이스라엘이 괴로움에 부르짖으면
하나님은 '사사'들을 보내어 저들을 구원하셨습니다.
그렇게 하나님은 '영원한 사사 예수 그리스도'를 보내어
우리를 구원하십니다.
가나안에서, 우상 속에서 자신의 무력함, 죄의 실체를
깨닫고 하나님을 의지하는 믿음을 배워야 합니다.
오직 믿음으로 살아야합니다.
하나님이 내 삶의 모든 것, 호흡, 방귀조차 돕지 않으시면
안 되는 것을 알아 모든 것에서 믿음으로 살아야 합니다.

즐겁게 살아야 합니다.
그러나 그것이 우상이 되면 안됩니다.
그것 때문에 하나님을 거역하면 안됩니다.
부요하고 성공하고 건강하시기 바랍니다.
그러나 그것이 우상이 되면 안됩니다.
더구나 그것으로 하나님을 불순종하면 안됩니다.
우리의 바라는 모든 것의 주인은 하나님이십니다.
내가 주인이 아닙니다.

온갖 것이 우상이 되어갑니다.
자기 만족과 즐거움에 빠져 삽니다.
그런 우상이 가득한 세상 속에서
주인이신 하나님의 말씀에 순종하는가?
사사기 내내 이 싸움이요. 내 인생의 싸움입니다.

하나님이 주인이십니까?
내가 주인입니까?

옷니엘-하나님이 나의 힘
{사사기 3:6-11}

—

꽁꽁 얼었던 땅 속에서 살아 올라오는
봄나물처럼 누군가에게 희망과 은혜로
살아가시길 축복합니다.

사사기의 싸이클

사사기에는 일정한 싸이클이 반복되고 있습니다.
이스라엘의 악행 - 하나님의 진노 - 부르짖음- 구원자
이 싸이클은 계속해서 또(3:12, 4:1), 다시(10:1,13:1),
타락의 싸이클을 보여줍니다.
**이스라엘 자손이 여호와의 목전에 악을 행하여 자기들의
하나님 여호와를 잊어버리고 바알들과 아세라들을
섬긴지라 (삿3:7)**

'여호와의 목전에' / 하나님의 눈 앞에, 하나님이 보시기에
사람이 보기에는 보암직, 먹음직, 지혜롭게, 행복하게
할 것 같아 보이지만 믿음으로 하지 않으면 모든것이
악합니다. 악하게 됩니다.

죄의 싸이클을 끊고 거룩한 싸이클을 만들어야 합니다.
무시로 기도하고 주야로 말씀을 묵상하며
하나님의 뜻을 따라 살아 모든 것이 합력하여 선이 되는
은혜의 싸이클을 내 삶에 누려야합니다.
잘못된 습관을 잘라내고 거룩한 습관으로
하나님이 보시기에 좋은 삶을 살아내야 합니다.

8년 동안이나...

여호와께서 이스라엘에게 진노하사 그들을 메소보다미아 왕 구산 리사다임의 손에 팔았으므로 이스라엘 자손이 구산 리사다임을 팔 년 동안 섬겼더니 (삿3:8)

하나님의 진노로 메소보다미아의 구산왕으로 부터 8년동안 괴롭힘을 당했습니다.

그 고통이 얼마나 심했던지 구산왕의 별명을

'구산리사다임 - 두배나 더 악한 구산왕' 이라고 불렀을까요

견딜 수 없는 고통에 하나님께 부르짖었습니다.

그런데 왜, 8년 동안 당할 만큼 당하고 나서야

기도한 거죠?

그만큼 이스라엘은 하나님을 잊고 살았습니다.

하나님의 약속의 말씀도 잊고 산 겁니다.

기도를 놓고 살았던 겁니다. 8년 동안이나....

주 여호와께서 이같이 말씀하셨느니라 그래도 이스라엘 족속이 이같이 자기들에게 이루어 주기를 내게 구하여야 할지라 (겔36:37)

하나님이 세상을 이처럼 사랑하셨지만 (요3:16)
누구나 하나님의 사랑을 이처럼 받는 것은 아닙니다.
믿어야 합니다. 기도해야 합니다.

이스라엘 자손이 여호와께 부르짖으매
여호와께서 이스라엘 자손을 위하여 한 구원자를 세워
그들을 구원하게 하시니 그는 곧 갈렙의 아우 그나스의
아들 옷니엘이라 (삿3:9)

기도부터...말씀부터...하나님을 우선하여야 합니다.

너희는 욕심을 내어도 얻지 못하여 살인하며 시기하여도
능히 취하지 못하므로 다투고 싸우는도다 너희가 얻지
못함은 구하지 아니하기 때문이요 (약4:2)

지금까지는 너희가 내 이름으로 아무 것도
구하지 아니하였으나 구하라 그리하면 받으리니
너희 기쁨이 충만하리라 (요16:24)

이스라엘의 반복되는 거역에도 하나님은 여전히
성실하시고 인자하십니다. 그런 하나님 아버지께
구하여 받는 기쁨이 쏠 쏠 합니다.

옷니엘 – 하나님이 나의 힘이시다.

옷니엘은 갈렙의 조카요 스스로도 대단한 용사입니다.
그런데 나라가 메소보다미아 구산왕에게 고통 당하는데
8년 동안 가만히 잠수타고 있다가 이제야 나타나다니요?

첫째, 하나님이 이스라엘의 부르짖음을 기다리셨습니다.
내 눈에 보기에 좋은 것이 좋은 것이 아님을 깨닫도록…
그래서 돌이켜 하나님을 찾기까지 참으신 겁니다.
둘째, 옷니엘의 능력은 하나님께 쓰임이 되지 않습니다.
용사요 갈렙의 가문이라는 배경으로 되는 게 아닙니다.
셋째, 모든 일은 사람이 아니라 하나님이 하십니다.
여호와의 영이 그에게 임하셨으므로
그가 이스라엘의 사사가 되어 나가서 (삿3:10)

하나님이 붙드셔야 됩니다.
하나님께 붙잡혀야 합니다.
그때, 하나님이 나의 힘이 되십니다.
내가 의지하는 모든 것 내려놓고
오직, 하나님만을 나의 힘으로
큰 승리를 나타내는 옷니엘,
바로 나, 바로 우리, 우리가 옷니엘 입니다.

에훗, 왼손잡이
{사사기 3:12-30}

—

약점없는 사람은 없습니다.
다만 그 약점을 숨기는데
급급하거나 보완하려고 노력하는가에
차이가 있습니다.

그 땅이 평온한 지 사십 년에 그나스의 아들
옷니엘이 죽었더라 이스라엘 자손이 또
여호와의 목전에 악을 행하니라 (삿3:11-12)

용사요 하나님의 영이 함께 한 사사 옷니엘이

나라를 구했습니다.

그리고 죽었습니다....

그래서 이스라엘 자손은 또 악을 행하게 됩니다.

인간의 치명적인 약점, 죽는다는 것입니다.

소원이 이루어지고 모든 것을 성취했다 해도 죽습니다.

주님께서 십자가에 죽으심으로 우리를 대속하고

부활하심으로 죽음을 끝장내셨습니다.

우리의 약점을 완벽하게 고치셨습니다.

고난주간을 보내면서

십자가의 은혜와 영광이 넘치시길 바랍니다.

부르짖어야

인간은 누구나 약점이 있습니다.

그래서 기도합니다. 하나님이 힘이 되어 주십니다.

이스라엘의 죄악 – 하나님의 진노 – 부르짖음 – 사사의

등장으로 반복되는 사사기의 싸이클에서

가장 중요한 것은 부르짖음입니다.

에글론이 암몬과 아말렉 자손들을 모아 가지고 와서
이스라엘을 쳐서 종려나무 성읍을 점령한지라
이에 이스라엘 자손이 모압 왕 에글론을 열여덟 해 동안
섬기니라 이스라엘 자손이 여호와께
부르짖으매 여호와께서 그들을 위하여 한 구원자를
세우셨으니 (삿3:13-15)

모압이 강성하여 여리고(종려나무 성읍)을 점령합니다.
하나님을 순종하여 전쟁없이 차지하게 된 여리고를
빼앗깁니다. 아니 하나님이 이스라엘에게서 빼앗습니다.
하나님을 필요로 안하니 도로 찾아가신 것입니다.
그렇게 18년을 에글론의 압제하에 고통당하고
부르짖으니 하나님이 구원자를 보내십니다.
기도가 될 때, 기도로 온 백성, 온 교회가
기도로 하나 될 때 하나님이 일 하십니다.

왼손잡이 에훗

이스라엘 자손이 여호와께 부르짖으매
여호와께서 그들을 위하여 한 구원자를 세우셨으니
그는 곧 베냐민 사람 게라의 아들 왼손잡이

에훗이라 (삿3:15)

왼손 잡이 – 원문에는 '오른손을 사용하지 못하는'
조막손이거나 마비되어 오른손에 장애가 있어
왼손밖에 쓸 줄 모르는 장애인, 에훗입니다.
노예로도 팔리지 않는, 쓸모없는 사람으로
사회에서는 물론 하나님의 쓰임을 받으리라고 누구도
생각할 수 없는 치명적인 약점이 있는 사람입니다.
그런데 이 사람을 하나님이 사사로 세우셨습니다.
왜요? 하나님이 쓰시면 약점이 강점됩니다.

아무도 에훗을 사사로 인정하지 않습니다.
그를 따르지 않기에 혼자 모압 왕에게 나아갑니다.
사실 에훗은 하나님의 임무를 수행하는데
가장 적합한 적임자입니다.
모든 사람이 왼쪽에 칼을 차는데
에훗은 칼을 오른쪽 허벅지 옷 안에 숨겨
들키지 않았습니다.
오른손이 불구인 장애인이기에 위험하게 보이지 않아
왕과 독대할 수 있었고 칼을 빼어
에글론을 죽일 수 있었습니다.

약점이 강점이 되었습니다.

힘은 어디에 있는가?

하나님은 우리의 약점을 도우십니다.

이와 같이 성령도 우리의 연약함을 도우시나니 (롬8:26)

그래서 바울은

족하도다 이는 내 능력이 약한 데서 온전하여짐이라

그러므로 도리어 크게 기뻐함으로 나의 여러 약한 것들에

대하여 자랑하리니 이는 그리스도의 능력이 내게

머물게 하려 함이라 (고후12:9)

신체적 약점이든, 정시적으로나 지금의 삶의 환경들,

혹은 자라온 배경이 약점이 될 수 있습니다.

그러나 그 약점에 갇히지 마십시오.

열등감으로 주눅 들지 말고 불평분자가 되지 마십시오.

"에훗" – '힘은, 영광은 어디에 있는가' 라는 뜻입니다.

나의 힘은 어디에 있는가?

영광은 어디에 있는가?

다른 사람들은 자기 소견에 좋은대로

가나안 우상을 힘으로 여겨 좇아갈 때

장애로 치명적 약점을 갖고 있기에 그는 기도합니다.
하나님이 그의 힘이 되십니다.
하나님이 에훗의 오른 팔이 되어 주십니다.

주님도 에훗처럼 사람들에게 멸시를 받고
버림받았습니다.
저주의 십자가에 달리셨습니다.
그런데 부활하심으로 구원자가 되십니다. 그렇기에
우리에게 있는 대제사장은 우리의 연약함을 동정하지 못하실 이가 아니요
모든 일에 우리와 똑같이 시험을 받으신 이로되 죄는 없으시니라 (히4:15)

그러므로 우리는 긍휼하심을 받고
때를 따라 돕는 은혜를 얻기 위하여 은혜의 보좌 앞에 담대히 나아갈 것이니라 (히4:16)
주님께, 나의 약점을, 문제를, 어리석음을,
그래서 꼬인 인생을, 십자가 앞에 내려놓으십시오.
약점이 강점되어 하나님께 쓰임이 됩니다.
하나님이 힘 되시고 오른 팔 되어 주십니다.

은혜 안에, 믿음으로
나의 약점으로 더욱 주님의 능력이 머물어
하나님께 영광되시길 기도합니다.

농부사사
삼갈
{사사기3:31}

―

사사 에훗으로 80여년의 태평세월을
보내는 중에 갑자기 블레셋 족속의 침략으로
위기가 발생했습니다.
그때, 삼갈이라는 농부가 600명의 블레셋
인을 죽이고 위기를 잠재웠습니다.
에훗 후에는 아낫의 아들
삼갈이 있어 소 모는 막대기로 블레셋 사람
육백 명을 죽였고
그도 이스라엘을 구원하였더라 (삿3:31)

태평세월 속에도 싸움은 계속된다.

사사 에훗으로 80년, 평온한 중에 문제가 있었습니다.

인생이 그렇습니다. 좋은 일속에 위기가 옵니다.

다 잘되는 중에 문제도 함께 있습니다.

인생과 세상은 새옹지마(塞翁之馬)입니다.

그래서 겸손해야 합니다.

기도를 쉬지 말아야 합니다.

문제와 괴로운 현실 속에서 수시로 변하는 이 세상과

세상의 성과물, 사람들이 아니라 변치 않는 주님과

주님이 이루신 일들 – '십자가의 대속, 부활, 성령의 내주,

영원한 하나님 나라'를 바라볼 때

100% 감사, 100% 기쁨의 삶을 살아내실 수 있습니다.

오늘, 또 십자가와 부활의 은혜로 여러분의

범사가 항상 기쁨이 되고 감사가 되시기를 바랍니다.

블레셋과의 싸움

블레셋은 가나안 원주민이 아닙니다.

해양족으로 가나안 해안 지역으로 이주해 와서 세력을

키웠고 '블레셋'이란 히브리어의 '펠레쉐트'가 지금의

'팔레스타인'으로 지금 이스라엘 가자지역을 뜻하며

아직까지 싸움을 이어오고 있습니다.

사사기 당시에 철기문화를 독점하며 인간의 위대함과
가능성에 대한 신념으로 "불가능은 없다"
"하고 싶은 것은 무엇이든 할 수 있다"
'인간은 왕이다' '내가 왕이다'
'사람은 각자가 인생의 주인이며 왕이다'
이것이 블레셋 족속이 상징하는 바 입니다.
그래서 훗날 이스라엘도 왕을 요구하게 됩니다.
하나님이 창조자요, 우주와 역사의 주인이심을
부인합니다.
'내가 하고 싶은 것은 무엇이든 할 수 있다'
그래서 선악과도 먹고 교만하여 갑질을 합니다.
자식들은 '내 인생은 나의 것'
부모를 거역합니다(딤후3:2)
부부, 노사, 여야, 나라와 나라, 모든 것, 모든 곳에서
모두가, 잘난 자기가 주인이기에 싸움은 끝이 없습니다.

자기를 비워, 자기를 부인하고
유혹의 욕심을 따라 썩어져 가는 구습을 따르는 옛

사람을 벗어 버리고 오직 너희의 심령이 새롭게 되어
하나님을 따라
의와 진리의 거룩함으로 지으심을 받은 새 사람을
입어야 (엡4:22-24) 합니다.
예수님이 나의 구원자, 나의 주인이 되는 것이
믿음입니다.
하나님이 왕이신 그곳이 하나님나라입니다.

우리도 삼갈입니다.

삿3:31, 짧은 한 구절이 우리에게 긴 여운을 줍니다
삼갈은 사사라는 공식 명칭도 없습니다.
그냥 자기 일을 하는 농부입니다.
자신의 일상에서 하나님을 왕으로 모셨기에 응답하며
비록 전문 용사가 아니고 무기도 없음에도,
한 달란트 뿐 이어도 묻어두지 않고
하나님의 쓰심에 순종합니다.
하나님이 함께 하시기에 '소 모는 막대기'로
인간의 위대함과 그 첨단기술의 철기문명을 대항하여
승리를 얻습니다.

탁월한 무기를 가진 전문적 용사가 아니어도 됩니다.
왼손잡이든지, 농부든지, 칼이든, 막대기든...
하나님이 붙잡고 계시는가?
하나님이 함께 하시는가? 가 중요합니다.
그럴 때 삼갈은 소 모는 막대기로,
다윗은 물매 돌로 블레셋 족속에게 승리했습니다.

삼갈이 죽인 블레셋인은 600명입니다.
싸움이 계속됩니다.
계속해서 삼갈이 등장해야 합니다.
농부사사 삼갈, 장사꾼인 사사 삼갈, 회사원인 삼갈,
사장이신 삼갈, 주부 삼갈...학생 삼갈...

무엇을 하시든지, 어디에서든지,
내가 있는 그 곳,
왕이신 하나님의 부름 앞에 믿음으로
하나님의 승리하심에 쓰임이 되는 구별된 자로서
하나님의 기쁨을 기뻐하시는 기쁨을 누립시다.

바락의 믿음
{사사기 4:1-10}

—

힌 칠 살다가는 꽃들도
환하게 웃는 4월, 꼭 좋은 일이 있어서만
아니라 모든 것이 합력하여
선이 되게 하시는 하나님으로 인하여
믿음으로 웃어 항상 기뻐하라는 말씀을
이루며 사시길 축복합니다.

가나안을 정복하지 못한 이스라엘은 오히려 가나안왕
야빈에게 20년 간 심한 학대를 당합니다.
최초이자 유일한 '여자 사사 드보라'를 통해 하나님이
구원을 나타내실 때 드보라를 도와 군사를 모집하고
전쟁을 수행한 사람이 바락입니다.
히브리서11장, 믿음의 선진을 소개하는데 드보라가
아니라 바락이 믿음의 사람으로 그 이름을 올렸습니다.
바락을 통해 믿음이 무엇인지를 배워봅니다.

겸손이 믿음입니다.

아무리 하나님의 말씀이래도 기분나쁘게 여자가...?
보호받아야 할 여자가 사사가 되고 그 여자 사사의 말을
듣고 전쟁을 수행한다는 것은 당시의 문화로는
있을 수 없는 일이었습니다.
그러나 바락은 여자 사사 드보라의 말을 듣습니다.

믿음은 들음에서 납니다. **(롬10:17)**
들음은 겸손해야 합니다.
문둥병에 걸린 나아만 장군이 자기 집에 포로로 잡혀와
종으로 있는 소녀의 말을 들음으로 고침을 받습니다.

내가 주인인데 감히…

그랬으면 종의 말을 못 들었을 것입니다.

내가 왕인데…하나님의 말씀도 듣지 않게 됩니다.

말하는 것은 두, 세 살 되면 합니다.

듣는 것을 배우는 것은 60 (耳順)세쯤 되야 된답니다.

솔로몬은 무엇이든 구하라는 하나님께

'듣는 마음'을 달라고 한 것으로 하나님을

감동케하였습니다(왕상3:9).

듣는 마음이 복 있는 사람입니다.

겸손함으로 듣는 마음,

들을 귀가 있으시길 바랍니다.

영광이 없어도

이르되 내가 반드시 너와 함께 가리라 그러나 네가 이번에 가는 길에서는 영광을 얻지 못하리니 (삿4:9)

목숨을 걸고 전쟁터에 나가는데

영광, 칭찬, 상급이 없답니다.

수고했는데 보상이 없고

애썼는데 알아주지 않습니다.

그런데도 전쟁에 나갑니다.

예수님을 보는 듯합니다.

오히려 자기를 비워 종의 형체를 가지사

사람들과 같이 되셨고 8 사람의 모양으로 나타나사

자기를 낮추시고 죽기까지 복종하셨으니

곧 십자가에 죽으심이라 (빌2:7)

바락은 자신의 영광을 구하지 않습니다.
나라를 구할 수 있다면 바랄게 없습니다.
하나님이 말씀하시니 순종할 뿐입니다.
하나님께 쓰임 받는 것만으로도 만족합니다.
그것으로 영광입니다.

**이와 같이 너희도 명령 받은 것을 다 행한 후에 이르기를
우리는 무익한 종이라 우리가 하여야 할 일을 한
것뿐이라 할지니라 (눅17:10)**

겸손함으로 듣고 영광이 없어도 순종하는
성숙한 믿음, 그 복된 자리에 함께 나아가길 기대합니다.

여자 사사 드보라
{사사기 4:4-7}

―

With cobid With GOD
코로나로 힘든중에 하나님과 함께 하심으로
안전하고 형통하고 전화위복의 은혜를
축복합니다.

하나님의 관심은 우리입니다.

왼손잡이 에훗으로 에글론을 죽이고,
삼갈의 소 모는 막대기로 블레셋사람 600명을 죽이고
드보라 때에 야빈의 철병거 900대는 무용지물,
군대 장관 시스라는 여인이 말뚝으로...
하나님이 대적을 다루시는 것은 너무나 쉽고 간단합니다.
문제는 이스라엘입니다.

애굽에서 노예로 있을 때는 하나님의 뜻을 행할
자유가 없었습니다. 그래서 못 했습니다.
이제 약속의 땅, 가나안에서 마음껏
하나님의 뜻을 행할 자유로운 상태가 되었습니다.
그런데 그 자유로움으로 우상을 숭배하고
여호와의 목전에 악을 행합니다.
할 수 있는데도 못합니다. 안합니다.
우리의 수준이요 실력입니다.

"아! 나는 아무것도 아니구나"
'그래서 은혜 아니면 나는 안되는구나.'
오늘 또 예수 믿으셔야 합니다.

믿음으로 살아 은혜를 입어야합니다.

힘있는 애들은 뭐하고...?

드보라 사사의 활약은
여인으로 시작해서 여인으로 끝난 전쟁입니다.
여자는 힘이 없어서 군인이 될 수 없기에 사람의
숫자에도 세지 않았습니다.
그런데 보호받아야 할 여인들이 나라를 구합니다.
헤벨의 아내 야엘이 장막 말뚝을 가지고 손에
방망이를 들고 그에게로 가만히 가서 말뚝을 그의
관자놀이에 박으매 말뚝이 꿰뚫고 땅에 박히니
그가 기절하여 죽으니라 (삿4:21) (그는 군대장관 시스라)

도대체 남편은 뭐하고 아내들이 나서야 했는가요?
남자들은 뭐했나요?
힘 있다고 잘났다고 자랑하던 애들은 다 어디 있나요?

자신들이 가진 힘과 능력, 부요함과 자유를 자랑만 했지
하나님의 영광과 그 뜻을 드러내는 일에는 전혀 힘이
되지 않습니다.

엉뚱한데 가서 힘씁니다.

이 허탄하고 썩어짐의 종노릇하는데서 돌이켜

하나님께 영광과 기쁨이 되셔야 합니다.

영광스럽고 존귀하게

숫자에도 세지 않는,

힘없어 아무것도 아닌 자처럼 보이는

드보라, 야엘, 그들이 중요한 일을 해냅니다.

40년, 미디안 광야에서 양치며 80세 노인이 된 모세를

하나님이 부르셨을 때 모세는 '내가 누구이기에'

'나는 아무것도 아닙니다'

여기가 믿음의 출발점입니다.

기도의 시작점입니다.

왜 믿음으로 살지 못합니까?

내 속에 내가 너무 많습니다.

내 자랑, 자존심, 내가 주인이기 때문입니다.

주님은 아무것도 아닌 듯 오셨습니다.

구유에 누우신 아기로..
아무것도 아니라서 십자가에 달리셨습니다.
사람들의 기대에 부응하지 않으셔서...
아무것도 아니네...건축자들의 버린 돌이었습니다.
그런 주님이 우리의 구원자가 되셨습니다.

이러므로 하나님이 그를 지극히 높여
모든 이름 위에 뛰어난 이름을 주사
하늘에 있는 자들과 땅에 있는 자들과 땅 아래에 있는
자들로 모든 무릎을 예수의 이름에 꿇게 하시고
모든 입으로 예수 그리스도를 주라 시인하여
하나님 아버지께 영광을 돌리게 하셨느니라 (빌2:9-11)

구원이란 썩어짐의 종노릇하여 아무것도 아닌 나로
하나님의 영광을 드러내는 중요한 존재가
되게 하신 은혜입니다.
이것이 성도가 가진 복된 신분입니다.
무명한 자 같으나 유명한 자요 죽은 자 같으나
보라 우리가 살아 있고 징계를 받는 자 같으나 죽임을
당하지 아니하고 (고후6:9)

근심하는 자 같으나 항상 기뻐하고 가난한 자 같으나
많은 사람을 부요하게 하고
아무 것도 없는 자 같으나 모든 것을 가진 자로다 (고후6:10)

아무것도 아닌 자로 아무것도 안하고, 못하지 마시고
믿음으로 내게 능력 주시는 자 안에서
하나님의 나라, 영광을 위해
모든 것을 하는 자가 되셔야 합니다.

아무것도 아닌 자이나
하나님의 위대한 일에 참여한 드보라, 야엘을 기억하여
여러분의 인생과 존재를
영광스럽고 존귀하게 살아가시길 바랍니다.

드보라의 노래
{사사기 5:1-9}

—

꽃들이 만발하니
코로나 한가운데서도 우리에게 소박한
기쁨입니다.
"동지섣달 꽃 본듯이" 우리를 기뻐하시는
하나님으로 인해 기쁨이 넘치시길
축복합니다.

우리가 부를 노래 - 찬송

성경에는 여인들이 부른 노래가 4편 등장합니다.

1)미리암의 노래 (출15장)

2)드보라의 노래 (삿5장)

3)한나의 노래 (삼상2장)

4)마리아의 노래 (눅1장)

우리의 힘으로는 도저히 불가능한 일들을 이루시고
응답해주셔서 비천함을 돌보신 하나님을 찬양합니다.

우리가 가진 불가능한 상황과 부정적인 조건에도
불구하고 하나님은 언제든지 반전을 이루실 수 있습니다.
기적을 만들어 내십니다. 어떤 경우에서도
하나님의 일하심은 정말 놀랍습니다.
믿음으로 여러분의 모든 것이 하나님을 찬송하게
되시기를 기도하며 기대합니다.
하나님이 그렇게 하실 것입니다.

보라 내가 새 일을 행하리니
이제 나타낼 것이라 너희가 그것을 알지 못하겠느냐
반드시 내가 광야에 길을 사막에 강을 내리니

장차 들짐승 곧 승냥이와 타조도 나를 존경할 것은
내가 광야에 물을, 사막에 강들을 내어 내 백성,
내가 택한 자에게 마시게 할 것임이라
이 백성은 내가 나를 위하여 지었나니
나를 찬송하게 하려 함이니라 (이사야43:19-21)

하나님이 이기신다.

노래의 주제는 하나님이요,
하나님의 일하심에 경탄함입니다.
하나님이 드보라에게 어디서, 어떻게 싸울지를 말씀하고
드보라는 '바락'을 앞세워 백성들과 함께
가나안왕 야빈, 군대장관 시스라의 900대의 철병거와
맞서 하나님의 지시대로 순종하여 다볼산에 진을 치고
있다가 시스라의 철병거를 보고 내려옵니다.
도망하는 줄 알고 쫓아올 때 홍수가 나서(삿5:4-5),
자랑하던 철병거는 진흙탕에 빠지고 철갑옷의 무게에
꼼짝 못하고 이스라엘의 칼에 엎드러집니다.
**바락이 그의 병거들과 군대를 추격하여 하로셋학고임에
이르니 시스라의 온 군대가 다 칼에 엎드러졌고 한
사람도 남은 자가 없었더라 (삿4:16)**

하나님이 이기십니다.

내가 처한 어떤 조건과 환경도 감수하세요.

아무리 더러운 꼴도 당하세요.

하나님을 의지하고 순종하여

하나님이 일하시는 현장이 되게 하십시오.

요셉은 노예로도 살고, 감옥에도 갔습니다.

나의 어떠함에도 불구하고 하나님이 이기십니다.

하나님이 일하십니다.

무엇으로도 대체 할 수 없는 위대하고 존귀한

인생이 되게 하실 것입니다.

하나님을 찬송하게 하실 것입니다.

그러니 즐거이 헌신합시다.

이스라엘의 영솔자들이 영솔하였고

백성이 즐거이 헌신하였으니 여호와를 찬송하라 (삿5:2)

내 마음이 이스라엘의 방백을 사모함은

그들이 백성 중에서 즐거이 헌신하였음이니 (삿5:9)

'여호와를 찬송하라'

하나님의 부름에 즐거이 헌신하여 참여한 자들이

하나님이 행하신 일, 승리를 목격하고

감격하여 찬송하게 됩니다.
이 복된 자리를 놓치지 말아야 합니다.

여호와의 사자의 말씀에 메로스를 저주하라
너희가 거듭거듭 그 주민들을 저주할 것은
그들이 와서 여호와를 돕지 아니하며
여호와를 도와 용사를 치지 아니함이니라 하시도다 (삿5:23)
그런데 메로스 마을 사람들은 드보라의 깃발 아래
함께 하지 않음으로 하나님의 저주를 받습니다.

교회는 하나님이 거하시는 처소입니다.
우리의 어떠함에도 불구하고
십자가 아래 교회로 모여
하나님께 내 인생을 묶으셔야 합니다.
즐거이 헌신해야 합니다.
그래서 하나님의 이기심을 보는
복된 인생으로 찬송의 꽃이 되시기를 중보합니다.

후회를 넘어서서
{사사기 6:1-10}

—

너희가 돌이켜 어린 아이들과 같이 되지
아니하면 결단코 천국에 들어가지
못하리라 (마18:3)

어린이가 갖는 가장 큰 특징은 어른의 도움 없이는
아무것도 할 수 없다는 것. 먹여주고, 닦아주고...생존에
필요한 모든 것을 도움 받아야만 합니다.
그렇게 하나님이 아니면 안 되는 인생,
하나님의 은혜 아니면 허망한 인생이기에
어린이처럼 하나님을 의지함으로 모든 것을 더해주시고
모든 것이 합력하여 선이 되게 하시는 은혜로
꽃처럼 환한 웃음 가득한 5월 되소서.

악순환의 사이클

**이스라엘 자손이 또 여호와의 목전에 악을 행하였으므로
여호와께서 칠 년 동안 그들을 미디안의 손에
넘겨주시니 (삿6:1)**
다시 또, 하나님이 보시기에 악을 행하므로 미디안에게
7년을 고생하는데 **산에서 웅덩이와 굴과 산성을
자기들을 위하여 만들었으며 (삿6:2)**
산에 굴을 파서 숨어 지내야 했습니다.
**이스라엘이 파종한 때면 미디안과 아말렉과
동방 사람들이 치러 올라와서 (삿6:3)**
파종해야할 종자까지 약탈당합니다.

**이스라엘이 미디안으로 말미암아 궁핍함이 심한지라
이에 이스라엘 자손이 여호와께 부르짖었더라 (삿6:6)**
출애굽하고 광야를 지나 40년 만에 도착한 약속의 땅,
젖과 꿀이 흐르는 가나안에서 지금 궁핍합니다.

자유로움으로 하나님 없이 내 마음대로 살자,
나 좋은 대로 살자, 그렇게 자기 마음대로 우상숭배하고
가나안 문화를 따라 살면 행복할 것 같았지만
결과는 약탈이요, 궁핍입니다.
**내 백성이 두 가지 악을 행하였나니
곧 그들이 생수의 근원되는 나를 버린 것과 스스로
웅덩이를 판 것인데
그것은 그 물을 가두지 못할 터진 웅덩이들이니라 (렘2:13)**
하나님이 계셔야 가나안입니다.
하나님이 도우셔야 젖과 꿀이 흐르는 인생입니다.
하나님이 함께 하지 않으면
가나안도 가나안이 아닙니다.

후회를 넘어서야 합니다.

부르짖는 이스라엘에게 사사를 보내시기 전에

선지자를 통해 말씀하십니다.
왜, 난관에 봉착했는지...하나님을 떠난 결과가 어떤지..
선지자를 통해 주신 '설교 한 편'은
후회를 넘어 회개를 요구하십니다.

후회는 죄가 아닌 죄의 결과 때문이지요.
결과가 나쁘기에 뉘우치고 아쉬우니 후회합니다.
문제가 해결되면 또 여호와의 목전에 악을 행합니다.
그렇게 사사기의, 그리고 우리 신앙에도
악순환의 사이클이 계속됩니다.

하나님의 뜻대로 하는 근심은 후회할 것이 없는
구원에 이르게 하는 회개를 이루는 것이요
세상 근심은 사망을 이루는 것이니라 (고후7:10)
내가 당한 고통과 내 문제의 안타까움보다
하나님을 잃은 것에 속상해하시고
하나님과의 관계가 멀어진 것에 애통해야 합니다.
내가 주인 되고 왕 되어 살아 온데서
하나님이 왕 되게 하셔야합니다.
이것이 회개입니다.

후회를 넘어서야 합니다.

너희가 내 목소리를 듣는구나.

이스라엘의 죄는 하나님의 말을 듣지 않은 것입니다.

너희가 내 목소리를 듣지 아니하였느니라 (삿6:10)

목사의 '설교 한 편'에서

하나님의 목소리를 들어야합니다.

그래서 함께하시는 하나님의 도우심으로

어린 아기처럼

하나님이 가나안이요,

젖과 꿀이 흐르게 하심을

간증하게 되시기를 중보합니다.

너희는 너희의 하나님 여호와를 따르며

그를 경외하며 그의 명령을 지키며

그의 목소리를 청종하며 그를 섬기며 그를 의지하며 (신13:4)

이름 없이 빛도 없이
{사사기 6:7-10}

—

참 어렵고 힘든 때입니다. 하나님이 주시는 지혜와 은혜로 오히려 복 있는사람 되시길 중보합니다.

무명의 선지자

하나님이 이루시는 승리에 숟가락만 얹고도 기드온이
주인공처럼 칭찬과 영광을 가로채므로 천국에서는
오히려 300명의 용사가 더 큰 상을 받지 않을까 싶습니다.

이스라엘이 미디안으로 고통하여 부르짖을 때
하나님이 한 선지자를 보내어 저들을 책망하십니다.
그렇게 이스라엘에게 책망과 회개의 말씀을 전하는
선지자는 환영도..대접도 못 받고...
오히려 미움과 핍박이었을 겁니다.
그런 사명과 부름에 이름도 없이 순종하며 충성합니다.
오늘 나는 대접받고 인정받지 못하는 일임에도
해야 할 일을 하는 충성된 사람이셔야 합니다.
또 나를 알아주고 칭찬하는 사람만 가까이 마시고
쓴소리하고, 내 잘못을 지적하는 무명의 선지자같은
사람이 가까이 있어서 나를 고치고 돌이켜 주의 은혜를
담는 인격과 믿음의 그릇이 되셔야 합니다.

지극히 작은 일

떨며 두려워하는 기드온과 함께 (삿7:9-1)

미디안 진영을 정탐한 '부라'가 소개됩니다.
그냥 기드온과 함께 동행했을 뿐입니다.
그런데 그것만으로도 기드온에게 큰 힘이 됩니다.
자기의 할 일을 다한 것입니다.
저의 지난 20년 넘는 양평명성교회에서의 시간을
어려워도 어려운줄 모르고...
힘든데도 기쁘게 지내온 것은
함께 하시는 성도들이 계셨기 때문입니다.
함께 하는 것만으로도 누군가에게 큰 힘이 됩니다.
주님 보실 때 큰 일이 됩니다.

믿음이기 때문입니다.

무명의 선지자나 '부라'처럼 아무것도 아닌 것처럼 보이고
이름도..칭찬과 빛도 없음에도 그 일을 감당하고
자리를 지키는 일이 믿음입니다.
믿음으로 하지 않으면 못 하는 일입니다.

성가대에서 누가 제일 힘들까요?
물론 지휘자와 반주자가 수고합니다.
그러나 지휘자와 반주자는 자기의 재능과 뽐냄으로..

칭찬과 알아줌으로도 합니다.
성가대원은 자기 하나 빠져도...
아무도 뭐라하지 않습니다.
그러기에 성가대원으로 성실하기가 어렵습니다.
그 일에 충성하는 것은 믿음입니다.

작은 일에 충성하고 지극히 작은 자 하나에게 한 것을
주님께 한 것으로 기억하고 하늘의 상을 주십니다.
아무것도 아닌 것 같은 일이어도
이름도 나지 않고 빛도 없어도
하늘의 상을 바라보며 오늘도 주어진 일상 속에서
충성스러운 믿음의 사람이 되시길 축복합니다.

큰 용사, 기드온
{사사기 6:7-14}

—

십계명중 5번째 계명은 '부모를
공경하라. 그리하면 네 하나님 여호와가 네게
준 땅에서 네 생명이 길리라'
약속이 있는 계명입니다. 아니,
이 계명만이 아니라
하나님의 말씀과 명령은 약속입니다.

이웃에게 냉수 한 그릇 대접 한 것을
주님께 한 것으로 여기시고,
부모 공경 한 것을 하나님 공경한 것으로 여기심은
하나님의 말씀을 듣는 중심을 보시기 때문입니다.
온 마음과 인격으로 좋은 땅이 되어 약속된 은혜와 복을
열매로 결실하시기를 축복합니다.

하나님이 함께 계신다면, 왜?

**여호와의 사자가 기드온에게 나타나 이르되
큰 용사여 여호와께서 너와 함께 계시도다 하매 (삿6:12)**
하나님이 함께 하신다는 말씀에 기드온은
**기드온이 그에게 대답하되 오 나의 주여 여호와께서
우리와 함께 계시면 어찌하여 이 모든 일이 우리에게
일어났나이까 (삿 6:13)** 우리가 당하는 곤란을 하나님이
함께 하시지 않는 증거로 보는 경향이 있습니다.
오히려 그 곤란들을 통해서 우리에게 합력하여 유익하게
하실지(롬8:28) 기대하지 않음으로 기도가 되지 않고
믿음도 기쁨도 잃어버립니다.

하나님은 한번도 우리를 떠나지 않으십니다.

오히려 이스라엘이, 우리가 하나님을 버렸습니다.

**나는 너희의 하나님 여호와이니 너희가 거주하는
아모리 사람의 땅의 신들을 두려워하지 말라 하였으나
너희가 내 목소리를 듣지 아니하였느니라 하셨다
하니라** (삿6:10)

두려워하지 말라 (복종하지 말라. 섬기지말라)는
우상을 섬기고 하나님의 말씀을 듣지 않았습니다.
세상을 무서워하고 세상에 대한 욕심을 따르고 섬기느라
하나님과 말씀을 멀리합니다.
그 결과가 미디안의 압제요 궁핍함입니다.

**이스라엘이 미디안으로 말미암아
궁핍함이 심한지라** (삿6:6)

문제가 문제가 아니라 내가 문제입니다.
오늘 내가 겪는 어떤 문제보다
하나님의 말씀을 들어야합니다.
내가 가진 어떤 간절한 소원보다 하나님의 말씀을
간절히 듣고 순종해야 합니다.
복 있는 사람(시편1편)된 자세요 품위입니다.

큰 용사여

마침 요아스의 아들 기드온이 미디안 사람에게
알리지 아니하려 하여 밀을 포도주 틀에서
타작하더니 (삿6:11)
여호와의 사자가 기드온에게 나타나 이르되
큰 용사여 여호와께서 너와 함께 계시도다 하매 (삿6:12)
미디안사람들을 두려워하여 들키지 않으려고
마당에서 타작해야 할 밀을 포도주 틀에서 타작하고
있는데 '큰 용사여' 부르시니 어이가 없습니다.
조롱하는 것 같아 기드온이 하나님께 원망합니다.

하나님이 그렇게 말씀하셨다면 그런겁니다.
하나님의 성품과 능력으로 말씀하시면 그대로 됩니다.
우리가 사는 이 세상이 그렇게 창조되었고
그 말씀대로 이루어진 세상에 우리가 살고 있는 겁니다.

백부장이 대답하여 이르되 주여 다만
말씀으로만 하옵소서 그러면 내 하인이 낫겠사옵나이다
(마태8:8)
말씀을 들음이 믿음이 되고 순종이 되어
말씀이 이루어지는 삶의 증거자가 됩시다.

들킬까봐 숨어서 밀타작하는 기드온은 분명
연약하고 가련한 존재입니다.
그러나 하나님이 함께 계시기에 큰 용사가 됩니다.

여호와께서 그를 향하여 이르시되 너는 가서
이 너의 힘으로 이스라엘을 미디안의 손에서 구원하라
내가 너를 보낸 것이 아니냐 하시니라 (삿6:14)
하나님이 주신 사명이기에 감당할 능력도 주십니다.
내게 능력 주시는 자 안에서
내가 모든 것을 할 수 있느니라 (빌4:13)

큰 용사여, 너 하나님의 사람아
하나님이 너와 함께 계시도다 !
나의 어떠함에도 상관없이 하나님의 하나님 되심을
확인하며 증거 하는 복된 은혜를 놓치지 않기를
두 손 모아 기도합니다.

큰 용사여!
{사사기 6:11-16}

—

봄은 부지런합니다.
어느새 꽃이 피고 집니다. 잎들은 더 짙은
녹음으로 날마다 새롭습니다. 성실하신
하나님의 일하심으로 날마다 새로워지는
기쁨을 누리시길...

큰 용사여 – 용사가 되라

미디안의 7년 압제에 궁핍함과 가련한 신세인
이스라엘은 그 신세가 미디안 때문이 아니라 <u>스스로</u>
선택한 하나님 없는 세상이기 때문입니다.
하나님과 함께 하지 않는 세상,
하나님 없이 자기 욕심과 자신이 왕인 삶은
허망할 뿐이요, 시간 낭비입니다.
결국은 죽음으로 끝장날 뿐입니다.
하나님 없는, 내가 왕인 삶은
나를 위해 이웃을 이겨야하고
그렇게 얻은 승리나 성공과 만족은 일시적일 뿐
누가 치고 올라올까 계속된 불안만 더할 뿐입니다.
그런 싸움에서 지고 간신히 삶을 지탱하고 있는
기드온에게 하나님이 '큰 용사여'라고 부르심은
큰 용사가 되라, 하나님의 자녀가 되라는 것입니다.

그렇습니다. 우리가 당한 문제보다, 소원보다
더 중요한 것은 하나님의 자녀가 되는 것입니다.
성도가 되는 것입니다.
문제 앞에서 멋있게 행동하세요.

문제 때문에 자존심 상한 것으로 속상해 마시고
하나님의 사람 된 자존감을 지키세요.
내가 겪는 모든 일, 모든 사람에게 멋있게 살아내심으로
하나님의 자녀임을 확인하는 기회입니다.

큰 용사여! - 하나님이 함께 계시기에

그렇습니다. 하나님이 함께 하시기에 큰 용사입니다.
**'내게 능력주시는자 안에서
내가 모든것을 할 수 있느니라'** (빌4:13)
이 말씀을 내 문제 해결하고 내소원 성취하는 데만
쓰지마시고 여러분이 겪는 모든 일에서 하나님의 자녀 된
정체성을 지키는 일에 이 능력을 요구하고 사용하세요.
요셉은 노예라는 문제, 시련, 고난에도 하나님의 뜻을
따르는 멋진 삶을 살아 하나님이 함께 하시는 사람,
하나님의 자녀 됨을 그 주인이 알게 됩니다.

성도는 하나님이 함께 하시느냐에 달렸습니다.
오늘 또 예수님을 믿으세요.
주님으로 함께 하시도록 요청 하십시오.
그래서 하나님이 함께 하는 사람으로

말과 행동에서 의와 진리의 거룩함으로 지으심을 받은 새사람된 하나님의 자녀로 빛 된 선한 일을 마음껏 하는 삶을 (엡4:24-32) 살아내십시오.

예수그리스도의 구속의 은혜로 하나님 자녀 된 여러분!
세상에서 하나님의 자녀가 되십시오.
문제와 고통 속에서,
원수 앞에서 하나님이 함께 함을 드러내는
성도로 큰 용사가 되십시오.
기드온을 통해 우리를 향한
하나님의 기대와 바램을
이루어 내는 성도이시길 기도합니다.

하나님이 함께 하십니다.
그대, 큰 용사여!

여호와 샬롬
{사사기6:22-27}

—

어느 마을에 꽃을 파는 가난한 할머니가
있었습니다.
그러나 그의 얼굴에는 항상 행복한 웃음꽃이
활짝 피어 있었습니다.
사람들은 그 노인을 '행복한 할머니'라고
불렀습니다.

어느 날 한 사람이 할머니에게 물었습니다.
"무슨 좋은 일이 있나 보지요?"
할머니는 특유의 밝은 웃음을 지으면서 이렇게
말했습니다.
"이 나이에 어찌 좋은 일만 있겠습니까?
그러나 내게는 행복의 비결이 하나 있지요.
저는 고통을 당할 때마다 예수님을 생각합니다.
예수님은 십자가에 못 박혀 죽으셨으나 사흘 만에
부활의 새벽을 맞지 않았습니까!
저는 힘들고 괴로울 때 '사흘만 기다리자!'
다짐하면서 기도합니다.
그러면 그때부터 제 삶은 한결 행복해집니다."

성령강림주일입니다.
우리의 연약함을 돕는 '보혜사'로,
우리와 함께 계시는 성령님으로
여호와 샬롬의 평강이 넘치시기를 기도합니다..

하나님이 함께 계심이 샬롬입니다.

이 세상은 자신의 힘과 열심을 근거로 합니다.

사사기에 자주 나오는

'평온'(쇼카트:3:11,30, 5:31)은 일시적이요,

제한적입니다.

사사가 죽으면 깨지는 평화입니다.

그러나 하나님의 사람은

'하나님이 함께 하시느냐'에 달려있습니다.

하나님이 함께 계시기에 기드온은 큰 용사가 됩니다.

하나님이 함께 계신다면 '여호와 샬롬' 입니다.

요셉은 노예임에도 형통합니다.

하나님이 함께 계시기에..

감옥에서도 샬롬입니다.

하나님과 함께 하기 때문입니다.

예배가 우선입니다.

그 날 밤에 여호와께서 기드온에게 이르시되

네 아버지에게 있는 수소 곧 칠 년 된 둘째 수소를

끌어 오고 네 아버지에게 있는 바알의 제단을 헐며 그

곁의 아세라 상을 찍고 또 이 산성 꼭대기에 네 하나님

여호와를 위하여 규례대로 한 제단을 쌓고

그 둘째 수소를 잡아 네가 찍은 아세라 나무로 번제를

드릴지니라 하시니라 (삿6:25-26)

하나님의 큰 용사가 되어 외부의 적, 미디안을 치기 전에
먼저 내 안의 적을 헐고 찍어내야 합니다.
나의 욕심이 만든 우상을 헐고 왕 노릇 하는 나를
비워야합니다.
하나님을 나의 왕으로 예배하는 예배자가 되어야합니다.
나를 비워 하나님을 왕으로 모실 때
내 능력, 나의 처지와 상관없이 하나님이 일하십니다.
'하나님 마음대로 하세요'
그때 '여호와 샬롬' 입니다.

두려움이 평화로

이에 기드온이 종 열 사람을 데리고 여호와께서 그에게 말씀하신 대로 행하되 그의 아버지의 가문과 그 성읍 사람들을 두려워하므로 이 일을 감히 낮에 행하지 못하고 밤에 행하니라 (삿6:27)

여호와 샬롬의 평강을 갖고 하나님의 말씀대로 우상을
깨뜨리는데 사람들은 두려워서 몰래 밤에 행합니다.

하나님과는 '샬롬'인데
사람과는, 세상과는 아직 '샬롬'이 아닙니다.
"하나님이 무섭지 않으면 세상에 무서울게 없습니다."
하나님과 '샬롬'이면 세상 그 무엇도 문제없습니다.

상담심리학에 '중간지대의 불안' 이라는 말이 있습니다.
공중그네뛰기 서커스 공연에서 이쪽에서 뛰어 저쪽에서
오는 다른 그네로 옮겨갈 때 이쪽 그네에서 손을 놓고
저쪽 그네를 잡기까지의 중간지대의 불안, 두려움이
우리의 삶에 있습니다.
그때, 꽃 파는 할머니처럼 '사흘만 기다리자'
기도하며 하나님이 어찌 행하시는지 기다리세요.
'여호와 샬롬'의 은혜를 보게 될 것입니다.

우리는 하나님의 자녀 된 사람들입니다.
하나님이 함께 계십니다.
믿음으로 살아 주님 안에서 이미 이루어진
'여호와 샬롬'의 은혜를 확인하는 기쁨으로
날마다 행복하시길 중보합니다.

여룹바알
{사사기 6:28-34}

—

기상 관측 이래 가장 추운 5월을
건강히 지내심을 축복합니다.
기상 학자는 '이상 기온의 일상화'라고 합니다.
코로나를 비롯, 이상한 일들이 점점 많아질
마지막 때에 오히려 천국의 소망으로 기쁨의
일상이시기를 기도합니다.

넘어질까 조심 조심

TV프로 "골목식당"에 출연한 폐업 직전의 식당들이
메뉴부터 청결, 상권 분석 등의 해결방안을 제시받고
새롭게 영업을 시작하게 되어 대부분 TV출연의 유명세로
대박 가게가 됩니다.
그러나 얼마 후 점검해 보면 몇 가게는 초심을 잃고
예전으로 돌아가 실망을 줍니다.
마치 자전거의 패달을 계속 밟지 않으면 넘어지듯
구원받은 성도는 계속 성장하고 성화되어야 합니다.

성읍 사람들이 요아스에게 이르되
네 아들을 끌어내라
그는 당연히 죽을지니 이는 바알의 제단을 파괴하고
그 곁의 아세라를 찍었음이니라 하니 (삿6:30)
하나님의 말씀에 순종하여 우상의 제단을 헐어버린
기드온을 죽이겠다고 난리를 치는 사람들은 다름 아닌
하나님의 백성 이스라엘 사람들입니다.
하나님의 백성, 이스라엘이 하나님의 뜻을 수행한
기드온을 죽여 버리겠다는 겁니다.
아니 하나님의 아들조차 십자가에 죽였습니다.

스스로 개선될 수 없는 인간의 타락을 보여줍니다.
믿음을 지키기가 쉬운 일이 아닙니다.

이스라엘의 문제는 미디안의 압제가 아닙니다.
진짜 문제는 하나님과의 관계입니다.
미디안의 학대를 끊고 평화를 얻으려면 먼저
하나님과 평화 "여호와 샬롬"을 이루어야 합니다.
불미스런 일을 저지른 사람이나 내게 상처 주는 사람,
그래서 억울하고 속상할 때,
비난하고 정죄하기 전에 나를 돌아봐야합니다.
그런즉 선 줄로 생각하는 자는
넘어질까 조심하라 (고전10:12)
하나님과의 관계를 점검하셔야 합니다.
진짜 문제는 내가 당한 일이나 사람이 아니라
하나님과의 관계입니다.

여룹바알 (바알과 다투다)

기드온의 아버지 요아스가 중재합니다.
요아스가 자기를 둘러선 모든 자에게 이르되
너희가 바알을 위하여 다투느냐

너희가 바알을 구원하겠느냐
그를 위하여 다투는 자는 아침까지 죽임을 당하리라
바알이 과연 신일진대 그의 제단을 파괴하였은즉
그가 자신을 위해 다툴 것이니라 하니라
그 날에 기드온을 여룹바알이라 불렀으니
이는 그가 바알의 제단을 파괴하였으므로
바알이 그와 더불어 다툴 것이라 함이었더라 (삿6:31-32)

기드온에게 "여룹바알"-'바알과 싸우다' 이라는
별명이 붙었습니다.
인생의 많은 문제와 갈등은
그 문제보다, 사람보다, 하나님과의 관계가 문제요
하나님과의 관계는 내 속에 있는 우상(바알)때문입니다.
그래서 신앙은 '여룹바알' 입니다.
내가 원하는 것을 얻기 위해 하나님을 이용하지 마시고
내 삶의 모든 영역에서 하나님이 왕 되게 하셔야합니다.
이 싸움에서 이기는 자 되셔야합니다.
내가 '여룹바알'이셔야 합니다.

성령의 능력을 입고

여호와의 영이 기드온에게 임하시니
기드온이 나팔을 불매 아비에셀이 그의 뒤를 따라
부름을 받으니라 (삿6:34)
미디안의 침략에 맞서 군사로 싸울 용사를 모집하려고
기드온이 나팔을 부니 그 부름에 백성이 응합니다.
우상을 헐었다고 죽이려고 달려들던 사람들이었습니다.
이런 극적인 변화는 기드온에게 '**여호와의 영이**
임하셨기' 때문입니다.
기드온으로는 할 수 없지만 성령의 능력을 입으니
'큰 용사'가 됩니다.

예수님도 성령으로 공생애를 시작하셨습니다.
예수께서 성령의 충만함을 입어 요단 강에서 돌아오사
광야에서 사십 일 동안 성령에게 이끌리시며 (누가4;1)
내 힘으로는 할 수 없습니다.
성령의 옷을 입어야합니다.

너희가 악할지라도 좋은 것을 자식에게 줄 줄 알거든
하물며 너희 하늘 아버지께서 구하는 자에게

성령을 주시지 않겠느냐 하시니라 (눅11:13)
내가 이르노니 너희는 성령을 따라 행하라 그리하면
육체의 욕심을 이루지 아니하리라 (갈5:16)

변화를 일으키는 변화된 사람이 되어야합니다.

2020년에 전 세계에서 가장 많이 들은 노래,
'BTS의 다이너마이트' 의 가사처럼
"내가 다이너마이트로
세상을 빛으로 밝힐 거야
빛으로 세상을 물들일 거야"

성령의 능력을 옷 입고 세상을 빛으로 밝히는
다이너마이트(두나미스;권능)가 되시기를
기도합니다.

기드온과 300명
{사사기 7:1-8}

어릴 적 '변소'로 부르던 재래식 화장실은
집 밖에 있어서 밤에 가려면 불편했고
무서웠습니다.
들어가기 전에 숨 한번 크게 쉬고 코를 막고
들어가도 냄새는 지독합니다.
그런데 조금 앉아 있으면 냄새에 적응되어
무사히 볼 일을 보게됩니다.
그렇게 세상에 적응되어 유혹의 욕심을 따라
썩어져가는 구습을 따르고 있지는
않는지를 살펴서
하나님을 따라 의와 진리의 거룩함의 새사람을
입으시기를 기도합니다.

여룹바알-명예로운 이름

김연아 선수가 세계적인 선수가 된 데에는
캐나다의 안무 코치, 데이비드 윌슨의 공이 큽니다.
승부욕이 넘쳐 심각하고 긴장하는 김연아 선수에게
"스케이팅을 즐겨라"
즐겁게 타면서 자연스런 표정을 하게 되고
세계 정상에 서게 됩니다.
우리의 삶의 형편과 처지가 어떻든지 우리는
하나님의 자녀요
하나님의 이름이 따라오는 사람입니다.
멋지게 행동하세요. 웃으세요.
반가운 사람이 되십시오.
영화 '베테랑'에서 형사로 나오는 황정민의 대사
"우리가 돈이 없지 가오가 없냐!" 처럼
주님으로 이미 허락된 승리를 믿고
불멸의 기쁨을 가진 자로 성도된 믿음의 '가오'를
지키시길 바랍니다.

하나님의 말씀을 순종하여 바알제단을 헐어버린
기드온을 사람들이 '여룹바알'이라고 부르듯

우리도 삶의 자취와 인격으로 명예로운 이름으로
불려지는 삶을 살아가야 합니다.

너무 많은즉

미디안과의 전쟁에 나선 이스라엘 군사는 32,000명으로
미디안을 대적하기에는 턱 없이 부족한 숫자입니다.
**미디안과 아말렉과 동방의 모든 사람들이 골짜기에
누웠는데 메뚜기의 많은 수와 같고 그들의 낙타의 수가
많아 해변의 모래가 많음 같은지라 (삿7:12)**

그런데도 하나님은 너무 많으니 줄이라고 하십니다.
**너를 따르는 백성이 너무 많은즉
내가 그들의 손에 미디안 사람을 넘겨 주지 아니하리니
이는 이스라엘이 나를 거슬러 스스로 자랑하기를
내 손이 나를 구원하였다 할까 함이니라 (삿7:2)**

내 손이 나를 구원하였다고 자랑함으로
하나님을 거역할 것이기 때문입니다.
신앙은 이 싸움입니다.
하나님께 영광을 돌리느냐?

자기의 자랑과 영광을 구하느냐?
이것이 우상이요,
그 자랑이 교만이요 내가 왕인 것입니다.

하나님은 두 번에 걸쳐 300명으로 줄이게 하십니다.
300명으로는 특수훈련을 받아도 결코 이길 수 없습니다.
그런데 이긴다면 군사들의 실력이 아니요 기적입니다.
하나님이 하신 겁니다.
승리 후에 기드온과 300명은
"이 승리는 하나님의 것입니다.
우리는 하나님이 하라는대로 한 것 뿐입니다.
승리의 영광은 하나님의 것입니다.
이 전쟁에 참여한 것으로도 영광입니다.
감사할 뿐입니다."
라고 해야 합니다.
먹든지..마시든지... 무엇을 하든지, 어디에서든지
하나님께 영광이 되고 하나님이 목적이 되어야 합니다.

두려워하는 자

이제 너는 백성의 귀에 외쳐 이르기를

누구든지 두려워 떠는 자는 산을 떠나 돌아가라 (삿7:3)

두려워하는 자를 돌려보내십니다.

두려움은 불신에서 옵니다.

아니 하나님보다 자기를 믿는데서 자기 힘이 약할 때

두려워하고 염려하게 됩니다.

나의 약함을 알고 하나님을 의지해야 합니다.

하나님은 약한 자를 들어 자기 힘의 강한 자를

부끄럽게 (고전1:27) 하십니다.

바울은 자기의 약함이 주님의 능력의 통로임을

기뻐합니다.

나에게 이르시기를 내 은혜가 네게 족하도다 이는 내

능력이 약한 데서 온전하여짐이라 하신지라 그러므로

도리어 크게 기뻐함으로 나의 여러 약한 것들에

대하여 자랑하리니 이는 그리스도의 능력이 내게 머물게

하려 함이라 (고후12:9)

약함으로 낙심하지 마세요.

주님이 함께 하심을 기뻐하시고 믿음의 가오를 지키세요.

내가 강하다. 잘났다…
믿는 구석이 있으면 하나님이 함께 하시지 않습니다.
무엇을 믿으세요?
무엇을 자랑하세요?
구원받아 하나님의 자녀된 것이 가장 큰 복입니다.
하나님을 예배함이 가장 큰 은혜입니다.
하나님이 각양 좋은 은사로 선물을 주셔서
하나님의 선한 청지기로 쓰임 받음은
영광이요 감사입니다.

아름답게 핀 꽃들처럼
내 삶이 어떠하든지 성도된 믿음의 가오를
지켜내시기를 바랍니다.
하나님이 함께 하십니다.

친절한 하나님
{사사기 7:9-15}

—

인생을 일장춘몽이라고들 말합니다.
보이는 것은 잠깐이요 보이지 않는 것이
영원합니다(고후4;18) 당장
눈에 보이는 물질, 사람, 상황보다 주님으로
영원한 하나님나라의 백성 된
믿음의 '가오'로 매일 행복, 범사 감사, 항상
기뻐하시는 은혜로 충만 하소서.

하나님의 친절

그 밤에 여호와께서 기드온에게 이르시되
일어나 진영으로 내려가라 내가 그것을 네 손에 넘겨
주었느니라 (삿7:9)

여전히 두려워하는 기드온에게 오셔서

내가 하나님이다. 전능자이다. 내가 하면 한다.

계속해서 설명하고 설득하고 이해를 시키려하십니다.

그렇게 성경이 쓰여졌습니다.

그래서 예수께서 이 땅에 사람으로 오셨습니다.

하나님이 우리의 사랑을 구걸하십니다.

옛적에 선지자들을 통하여 여러 부분과

여러 모양으로 우리 조상들에게 말씀하신 하나님이

이 모든 날 마지막에는 아들을 통하여 우리에게

말씀하셨으니 (히브리서1:1-2)

하나님 자신과 자신의 계획, 우리를 향한 하나님의 뜻이

말씀에 있습니다. 듣는 마음이 지혜요, 말씀하시는 분을

경외함이 지혜로운 사람입니다.

이렇게까지 우리가 믿도록 설득하고 기다리는

하나님의 친절한 사랑에 믿음으로 복 있는 사람 됩시다.

보리떡

하나님의 지시에 순종하여 미디안 진영을 정탐할 때
미디안 병사가 하는 대화를 듣게 됩니다.
**기드온이 그 곳에 이른즉 어떤 사람이 그의 친구에게
꿈을 말하여 이르기를
보라 내가 한 꿈을 꾸었는데 꿈에
보리떡 한 덩어리가 미디안 진영으로 굴러 들어와
한 장막에 이르러 그것을 쳐서 무너뜨려 위쪽으로 엎으니
그 장막이 쓰러지더라 (삿7:13)
그의 친구가 대답하여 이르되 이는 다른 것이 아니라
이스라엘 사람 요아스의 아들 기드온의 칼이라
하나님이 미디안과 그 모든 진영을 그의 손에 넘겨
주셨느니라 하더라 (삿7:14)**
이스라엘의 하나님이 자기들을 기드온에게 넘기셨다고
미디안병사의 입으로 말합니다.

엘리사 시대에 큰 흉년으로 선지 학교의 100여명의
생도가 굶고 있을 때 보리떡 20개를 가져옵니다.
100여명이 먹기에 택도 없는데 모두가 먹고 남았습니다.
그 사환이 이르되 내가 어찌 이것을 백 명에게

주겠나이까 하나 엘리사는 또 이르되 무리에게 주어 먹게 하라 여호와의 말씀이 그들이 먹고 남으리라 하셨느니라 왕하 그가 그들 앞에 주었더니 여호와께서 말씀하신 대로 먹고 남았더라 (왕하4:43-44)

요한복음 6장의 오병이어(보리떡5개, 물고기2마리)로도
주님은 벳세다 광야에 1만이 넘는 사람이 다 먹고도
남은 것이 12광주리에 가득했습니다.

알곡은 미디안에게 다 뺏기고 곡식의 껍데기를 빻아
만든 보리떡, 개떡...줘도 안 먹는 떡,
그게 이스라엘이요, 기드온입니다.
그런 보리떡 한 덩이로 하나님은
미디안을 부수기에 충분하십니다.
개떡 같아도 하나님께서 쓰시면 존귀한 자가 됩니다.
하나님이 주인이요 온 세상의 왕이십니다.

마음이 어두우십니까?
빛 되신 주님을 등진 때문입니다.
삶이 어지럽고 복잡 하다구요?

등불인 말씀을 저버린 까닭입니다.

말씀으로 채우셔야 합니다.

예배로 견고해지셔야 합니다.

예배로 일어나라

미디안 병사의 말을 통해 하나님이 일하고 계심을
확인하고 하나님께 경배(예배)합니다.

하나님의 말씀이 맞구나!

하나님이 나와 함께 하시는구나!

하나님이 일하고 계시구나!

내 삶에서 일하시는 하나님을 만나는 경이로움의
감격으로 감탄하며 예배드림이 기쁨이셔야 합니다.

그리고는 기드온이 이스라엘 백성에게 선포합니다.

일어나라 여호와께서 미디안과 그 모든 진영을 너희 손에 넘겨 주셨느니라 하고 (삿7:15)

여지껏 하나님이 기드온에게 하신 약속의 말씀입니다.

이제서야 기드온이 자기 입으로 말합니다. 선포합니다.

내 삶의 현실 속에서 하나님의 약속의 말씀이 믿어지고
내 입에서 말해지고 선포해야합니다.

영화 "친절한 금자씨"에서 배우 이영애의 명대사
"너나 잘 하세요"
친절한 하나님의 설득과 기다리심 앞에
믿음에 관하여, 하나님과 하나님의 말씀,
그분의 기뻐하심에 대해 믿음으로 잘해야 합니다.
하나님은 지금도 일하고 계십니다.
문제는?

"너나 잘 하세요"

여호와를
위하여
{사사기7:15-25}
—

사택옆에 작약이 활짝 피었습니다.
꽃 잎 한 장 한 장 밀어낸 것이
이리도 예쁠까요.
저 작은 몸짓에도 내 마음이 활짝 핍니다.

한 마디의 기도, 한 걸음의 순종
한 번 또 한 번, 한 걸음 또 한 걸음
하나님의 마음이 활짝 피어납니다.

예배로 일어나라

기드온과 300명의 용사는 특별한 재능이나 능력이
있지 않습니다.
이 숫자로는 미디안을 이길 수가 없습니다.

세상은 끝없는 숫자 싸움입니다.
등수로, 성적으로, 키와 몸무게로, IQ로, 가진 돈으로,
모인 수로....인생은 경쟁과 전쟁입니다.
그런 세상에서 300명은 절망적인 숫자임에도
하나님은 "충분하다" 하십니다.
왜냐하면, 이 전쟁은 하나님의, 하나님에 의한,
하나님을 위한 싸움입니다.

우리의 삶도 주인이요 왕 되시는 하나님의 주권에,
사람이 계획하고 수고해도 하나님의 뜻대로
하나님에 의하여 이루어지고,
내 뜻과 욕심을 버리고 하나님을 위할 때
하나님의 일하심을 보게 됩니다.
하나님을 위하십시오.
하나님이 나를 위하십니다.

나와 나를 따르는 자가 다 나팔을 불거든
너희도 모든 진영 주위에서 나팔을 불며 이르기를
여호와를 위하라, 기드온을 위하라 하라 하니라 (삿7:18)

믿음으로 삽니다.

인간은 내가, 내 능력으로 사는 게 아닙니다.
그래봐야 결국은 죽음입니다.

성도는 믿음으로 살아야합니다.(롬1;17)
내 모든 것에서 하나님께 믿음으로 순종해야 합니다.
**하나님 아는 것을 대적하여 높아진 것을
다 무너뜨리고 모든 생각을 사로잡아 그리스도에게
복종하게 하니 모든 생각을 그리스도에게 복종하게 (고후10:5)**
해야 합니다.
순종하여 300명으로 줄이고 불가능한 숫자, 300명으로
순종하여 나팔 불 때 하나님의 계획이 성취되고
승리의 전리품을 챙기게 됩니다.
**우리가 어떻게 하여야 하나님의 일을 하오리이까
예수께서 대답하여 이르시되
하나님께서 보내신 이를 믿는 것이**

하나님의 일이니라 (요6:28-29)

성도의 할 일은 믿는 것입니다.

여러분의 일이 기도요 기도가 일입니다.

300명으로는 불가능합니다.

그러나 하나님을 믿으면 가능합니다.

예수께서 이르시되 내 말이 네가 믿으면 하나님의

영광을 보리라 하지 아니하였느냐 하시니 (요11:40)

믿음으로 살아 하나님의 일하심과 영광을 봅시다.

질그릇은 깨져야

기드온과 300명의 용사의 손에는

나팔과 항아리, 횃불을 들었습니다.

전쟁의 무기가 아닙니다.

나팔을 불고 항아리를 깨뜨려 횃불을 들었습니다.

그 때 하나님이 일하십니다.

삼백 명이 나팔을 불 때에 여호와께서

그 온 진영에서 친구끼리 칼로 치게 하시므로 (삿7:22)

나팔 불고 큰 소리로 '여호와를 위하라' 외치는 것 뿐으로

미디안은 무너졌습니다.

하나님께서 일하십니다.
나팔 불고 항아리를 깨뜨려 횃불을 드십시오.

우리가 이 보배를 질그릇에 가졌으니
이는 심히 큰 능력은 하나님께 있고 우리에게 있지
아니함을 알게 하려 함이라 (고후4:7)
질그릇이어서 쉽게 금가고 흠이 생기는 것으로
낙심하지 마시고 그렇게 상처나 틈으로 깨어진 사이로
보배가 드러나고 빛나는 것을 기뻐하시고
오히려 깨어져 보배이신 주님을 더 빛나게 응원하세요.
그래서 바울은 자기의 약함을 자랑했습니다.

여러분의 어떠함에도 상관없이
하나님은 열심으로 우리를 사랑하십니다.
지금도 사랑을 위해 열심이십니다.
그 정사와 평강의 더함이 무궁하며 또 다윗의 왕좌와
그의 나라에 군림하여
그 나라를 굳게 세우고 지금 이후로 영원히 정의와
공의로 그것을 보존하실 것이라
만군의 여호와의 열심이 이를 이루시리라 (사9:7)

열심이신 하나님께

질그릇이라도 깨뜨려 응원하심으로

미디안의 날(사9:4) 같은 승리를

누리고 맛보시길 축복합니다.

성공의 덫
{사사기 8:1-9}

―

2021년의 절반을 보냈습니다.
후반기, 역전의 은혜를 기대하며 함께
중보합니다.

크게 다투는지라

미디안과의 전쟁에 300명으로 나서게 하시는 것은
이 전쟁에 하나님이 친히 나선다는 뜻이요, 그런
하나님을 경외하고 믿음을 회복하게 하려함이었습니다.
300명의 군사로 승리하고 미디안의 군대는 도망합니다.
7년 간의 미디안의 압제의 큰 고통에서 벗어나게 된
은혜에 하나님께 찬송과 경배, 헌신한 300명의 용사에게
감사와 격려로 축제가 벌어져야 하는데
크게 다툼이 일어났습니다.

에브라임 사람들이 기드온에게 이르되
네가 미디안과 싸우러 갈 때에 우리를 부르지
아니하였으니 우리를 이같이 대접함은 어찌 됨이냐 하고
그와 크게 다투는지라 (삿8:1)

7년간 미디안의 학대를 받을 때는 아무 일도 하지 않던
에브라임 지파가 승리가 눈 앞에 오자 자기들을 앞세우지
않았다고 시비합니다. 어려울 때는 모른 척하더니
성공하고 승리하니 주도권을 빼앗겼다고 시비와
다툼입니다.
주도권을 누가 잡느냐? 가 중요치 않습니다.

누구이든 하나님께 순종하여 그 뜻을 행하는 자가
되어야 합니다.
하나님이 주인이요, 왕이십니다.
성공의 덫에 빠져 하나님을 잊고 누가 크냐? 잘났냐?
어리석은 다툼을 버리고 질그릇 안에 보배를 담으신
그 은혜에 쓰임 받은 자 된 것을 감사하며 쓰심에 합당한
자로 겸손히 섬기는 자 되어야합니다.

내가 누군데

추격하는 중에 배도 고프고 기력도 떨어질 때
'숙곳'마을을 들려 밥 한 끼를 요청하지만
기드온의 승리를 믿지 못하고 미디안의 보복이 두려워
영웅 대접은 커녕 싸늘한 냉대를 받습니다.
그 다음에 들른 '브누엘'에서 똑같은 냉대에 기드온은
기드온이 이르되 그러면 여호와께서 세바와
살문나를 내 손에 넘겨 주신 후에 내가 들가시와 찔레로
너희 살을 찢으리라 하고 기드온이 또 브누엘 사람들에게
말하여 이르되 내가 평안히 돌아올 때에
이 망대를 헐리라 하니라 (삿8:7-8)
하나님이 이루신 승리로 자신에게 칭찬과 영광,

마땅한 대접이 없다고 분노합니다.

내가 누군데...

은혜를 잊고 자신이 인생의 주도권을 갖습니다.

성공의 덫에 빠지고 성공의 노예가 됩니다.

너희는 그 은혜에 의하여 믿음으로 말미암아 구원을 받았으니 이것은 너희에게서 난 것이 아니요 하나님의 선물이라 행위에서 난 것이 아니니

이는 누구든지 자랑하지 못하게 함이라 (엡2:8-9)

은혜로 된 것입니다.

결코 내가 한 것 인양 내 자랑과 대접받기를 요구해서는 안 될 일입니다.

실패했을 때 주의 은혜를 구하셔야 합니다.

성공했을 때 훨씬 더 많은 은혜를 구하셔야 합니다.

예수 트라우마

살면서 겪게 되는 경험이 마음에 큰 충격이 되어

평생의 상처로 트라우마가 됩니다.

〈트라우마; 정신적 외상, 충격〉

구제역으로 소나 돼지를 살처분 하고는 그 눈망울과
울음소리가 꿈에서도 들리고 구토가 난답니다.

내 죄로 예수님이 십자가에 죽으셨음을 믿는 우리는
내가 주님을 십자가에 못 박은 자라는 트라우마에
시달려야 합니다.
복음과 은혜를 알수록 '나 같은 죄인 살리신 주 은혜'에
놀라야 합니다.
자다가도 깨어 통회하며 감사해야 합니다.
우리의 남은 삶을 예수로 살아야합니다.

예수님이 내 마음에 트라우마로
주님이 주인 되고 은혜가 왕 노릇함으로
성공이 덫이 아니고 실패와 시련이 두려움이 아니라
은혜요 하나님께 영광이 되는 그릇이 되셔야 합니다.

여러분을 응원합니다. 할렐루야!

기드온의 올무
{사사기 8:22-28}

—

반품하고 싶은 하자 많았던 날들,
살아 있음으로 확인된 기회, 베푸실
은혜를 기대하며 다시 또 나서는 여러분을
중보하며 응원합니다.

다시 옛날로

기드온에 대한 사사기의 기록은 8:23절로 마쳤으면
참 좋았을 것이라는 아쉬움이 남습니다.

**기드온이 그들에게 이르되 내가 너희를
다스리지 아니하겠고 나의 아들도 너희를 다스리지
아니할 것이요 여호와께서 너희를
다스리시리라 하니라 (삿8:23)**

왕이 되어 달라는 백성들의 요구에
'아니다. 하나님이 다스리시리라' 말은 그럴듯하게
했지만 마음과 행동은 달랐습니다.
백성들에게 미디안 군대에게서 탈취한 금귀고리를
달라하고 제사장의 옷 '에봇'을 만듭니다.

그리고는 성막과 제사장이 있는 실로가 아니라
자기집, 오브라에 둡니다.
에봇에는 우림과 둠빔이 있어 하나님의 뜻을 알려주는데
금으로 만든 에봇을 자신이 소유함으로
헐어버린 바알 제단과 아세라 대신 제사장의 옷 '에봇'
으로 우상을 삼습니다.

기드온이 그 금으로 에봇 하나를 만들어 자기의 성읍 오브라에 두었더니 온 이스라엘이 그것을 음란하게 위하므로 그것이 기드온과 그의 집에 올무가 되니라 (삿8:27)

하나님의 이름을 팔아
기드온이 제사장이요 왕 노릇합니다.
백성들을 우상숭배에 빠뜨리는 올무가 됩니다.
다시 옛날로 돌아간 겁니다.
우리는 본성, 죄, 익숙한 옛 습관으로 돌아가는
자동회로가 있는 듯합니다.
너희는 유혹의 욕심을 따라 썩어져가는 구습을 따르는 옛 사람을 벗어 버리고 오직 너희의 심령이 새롭게 되어 하나님을 따라 의와 진리의 거룩함으로 지으심을 받은 새 사람을 입으라 (엡4:22-24)
그래서 또 믿음으로 살아야합니다.
은혜를 입어야 합니다.

에봇이 아니라 성령의 옷을

하나님은 기드온을 불러 사명을 맡기실 때
여호와의 영이 기드온에게 임하시니 기드온이 나팔을

불매 아비에셀이 그의 뒤를 따라 부름을 받으니라 (삿6:34)

하나님의 영을 입히셨습니다.

성도는 성령의 옷, 예수의 옷을 입은 사람입니다.

누구든지 그리스도와 합하기 위하여 세례를 받은 자는
그리스도로 옷 입었느니라 (갈3:27)
오직 주 예수 그리스도로 옷 입고
정욕을 위하여 육신의 일을 도모하지 말라 (롬13:14)
새 사람을 입었으니 이는 자기를 창조하신 이의 형상을
따라 지식에까지 새롭게 하심을 입은 자니라 (골3:10)

내가 왕 되려는 에봇을 벗고 주님의 은혜로 옷 입고

새사람으로 내 삶의 모든 것으로

하나님의 뜻을 순종하는 하나님의 사람이셔야 합니다.

끝까지 아야합니다

'시작이 반이다' 할 정도로 시작이 어렵기에 시작을

거창하게 합니다.

그러나 끝이 좋아야 진짜 좋은 것입니다.

안타깝게도 기드온은 은혜로 시작했으나

육체로 마쳤습니다.

어떻게 시작했냐보다 어떻게 끝났느냐?

끝이 좋아야합니다.

끝까지 좋아야합니다.

성도는 끝이 좋은 사람입니다.

천국까지 영원한 소망을 약속받았기 때문입니다.

일의 끝이 시작보다 낫고 (전7:8)

시작은 미약하였으나 네 나중은 심히 창대하리라 (욥8:7)

지나온 절반의 시간이 좋으셨습니까?

끝까지 좋으시길 기도합니다.

안 좋으셨다고요, 힘드셨다고요?

절반의 남은 시간 속에 성령의 옷을 입으시고

하나님의 일하심으로 좋은 끝을 볼 것입니다.

끝까지 견디는 자가 구원을 봅니다.(마태24;13)

은혜를 입게 될 것입니다.

이 기쁨이 가득한 7월 되시길 중보합니다.

가시나무 왕
{사사기 9:7-15}

—

소매치기가 지나가는 아줌마의 핸드백을
낚아채고 도망가는데 아줌마가 뒤
쫓아 오면서 소리칩니다.
"아이고 아저씨, 천천히 가세요.
넘어지면 다쳐요" 아줌마의 말이 어이없지만
한참을 도망하여 가방을 열어보니
성경책이 나옵니다.
그래서 그 성경을 몇 년 동안 갖고 다니다가
마침내 예수 믿었다고 합니다.

왕 아닌 왕

기드온은 구국의 영웅으로 사회적 지위와 영화를
누리면서(8:29-31) 70명의 아들이 있었고
'아비멜렉'은 세겜에 있는 첩에게서 낳은 아들로
'나의 아버지는 왕' 이라는 뜻입니다.
그럼에도 '아비멜렉'은 아버지에게서 아무것도 이어받을
수 없는 원망스런 서자라는 조건 속에 살아갑니다.
장성하여 어머니의 고향, 세겜으로 갑니다.
외가 친족들에게 "나를 왕으로 세워라" 세겜 친족들의
지원으로 스스로 [왕이 아닌 왕] 이 되어 삼년을
왕노릇 합니다.

본문은 '아비멜렉'이 배다른 형제 칠십 명을 죽일 때
숨어 있다가 겨우 살아남은 기드온의 막내아들 요담이
세겜 사람들에게 우화를 통해 '아비멜렉'을 비난하는
내용입니다.

가시나무 왕

나무들이 감람나무에게 왕이 되어 달라고 하지만
감람나무는 하나님과 사람을 영화롭게 하는 기름을

생산하는 내 일을 놔두고 왜 왕이 되어 우쭐대겠는가?
거절합니다.
무화과나무도 포도나무도 하나님과 사람을 기쁘게 하는
내 열매를 놔두고 왕이 될 수 없다고 거절합니다.
자기들의 영광이 왕이라는 지위에서 나오는 것이 아니라
열매를 맺는 자신의 정체성에 있다는 것을 압니다.
감람나무로, 무화과나무 포도나무로 존재하는 것이
사명이요 또한 영광입니다.

가시나무가 왕이 되어 달라는 청을 수락합니다.
**가시나무가 나무들에게 이르되 만일 너희가 참으로 내게
기름을 부어 너희 위에 왕으로 삼겠거든 와서 내 그늘에
피하라 그리하지 아니하면 불이 가시나무에서 나와서
레바논의 백향목을 사를 것이니라 하였느니라(삿9:15)**
가시나무와 가시나무를 왕으로 삼은 나무들 모두가
망하게 되는 이유가 잘 담겨 있습니다.
요담의 우화대로 '아비멜렉'과 세겜은 서로가 서로에게
망하는 원인과 도구가 됩니다.

우리가 왕으로 삼는 세상의 자랑과 재물, 정욕은

한 뼘 그늘도 드리워 주지 못하면서 우리 인생을
염려로 괴롭게 할 뿐입니다.
하나님과 이웃을 이롭게 하는 일에는 무관심한 채
군림하고 우쭐대려고 억압하고
우리를 종으로 삼을 뿐입니다.

우리의 실상

아비멜렉은 사사도 아니고 나라를 구한 것도 아닌
사람으로 자기 인생에 대한 분노를
어찌하지 못하는 못난 사람입니다.
그런 사람을 성경이 기록해 놓은 것은 우리에게
"네 인생을 되돌아보아라."
"네 인생의 목적이 무엇이냐"
"네 정체성이 무엇이냐" 를 확인하라는 것입니다.
'아비멜렉'의 모습이 사사시대 이스라엘이요
우리의 현실, 우리의 실상이지 않습니까?

불평과 원망, 분노와 싸움 뿐인 세상과 인생에
우리는 결코 가시나무에게 왕이 되어 달라고 요청하거나
스스로 왕이 되려 해서는 안 됩니다.

오직 주님만이 우리의 왕이셔야 합니다.
우리의 탄식과 신음을 다 품으시는
십자가에 우리의 정체성이 있다는 사실을 아셔서
십가가를 지는 위대한 생애를 사시길 축복합니다.

하나님의 약점
{사사기 10:6-16}

—

새벽 공기가 달라졌습니다.
여름이 물러가고 가을입니다. 그렇게
코로나도...모든 속 끓던 문제도 물러가는
가을이기를 기도합니다.

사랑이 야속하더라

사사기를 다시 설교하려니 하춘화님의 노래가
떠오릅니다.
"사랑이 야속하더라~ 가는 당신이 무정하더라~"
사사기의 이스라엘...그리고 우리를 보시면서 하나님이
느끼실 애닮음에 죄송한 마음입니다.

**이스라엘 자손이 다시 여호와의 목전에 악을 행하여
바알들과 아스다롯과 아람의 신들과 시돈의 신들과
모압의 신들과 암몬 자손의 신들과 블레셋 사람들의
신들을 섬기고 여호와를 버리고 그를
섬기지 아니하므로 (삿10:6)**
가나안 원주민의 우상과 주변 나라들의 우상들을
숭배한 결과로 그 나라들에게 압제를
당하게 됩니다.
무엇을 좋아하면 그것이 내 기분, 감정, 생활을
지배합니다.

무엇으로 행복하세요?
무엇 때문에 불행하다고 느끼세요?

무엇을 좇아가십니까?

여호와께서 이스라엘에게 진노하사

블레셋 사람들의 손과 암몬 자손의 손에

그들을 파시매 (삿10:7)

더 이상 하나님이 이스라엘을 책임지지 않습니다.

네 마음대로 해라...

그렇게 이스라엘은 우상의 노예가 됩니다.

그 해에 그들이 요단 강 저쪽 길르앗에 있는 아모리

족속의 땅에 있는 모든 이스라엘 자손을 쳤으며

열여덟 해 동안 억압하였더라 (삿10:8)

하나님을 버리고 우상을 좇음이

결국 우상의 노예가 됩니다.

쉬운 회개

암몬과 블레셋의 18년의 압제에 하나님께 부르짖어

구원을 요청하는 이스라엘에게

너희가 나를 버리고 다른 신들을 섬기니

그러므로 내가 다시는 너희를 구원하지 아니하리라 (삿10:13)

단호하게 거절하십니다. 너무도 거듭된 쉬운 회개에

하나님이 질리셨습니다.

본문의, 핵심 요절은 15절입니다. 진짜 회개..
이스라엘 자손이 여호와께 여쭈되 우리가
범죄하였사오니 주께서 보시기에 좋은 대로 우리에게
행하시려니와 오직 주께 구하옵나니
오늘 우리를 건져내옵소서 하고 (삿10:15)

주께서 보시기에 좋은대로...
내 소원대로가 아니고...
내가 지은 죄로 당하는 고통이니 내 고통이 계속되어도..
내 원대로 하지 마시고...
고통을 당하라면 당하겠습니다.
그래도 하나님은 믿겠습니다.
그래도 사랑합니다 하나님!
오직 주께 구하옵나니 오늘 우리를 건져내옵소서
자신들을 도와 달라가 아니라
못난 우리에게서 하나님의 영광을 건지십시요.
이것이 회개요 믿음입니다.
그리고 하나님의 약점입니다.

하나님의 약점

13절에서 **"다시는 너희를 구원하지 아니하리라"**

하셨지만 진심회개(하나님 사랑)가 약점이십니다.

그 뜻을 돌이키시고 다시 사사를 보내어 구원하십니다.

모든것이 합력하여 선이 되게 하십니다. (롬8:28)

누구에게?

"하나님을 사랑하는 자에게" 입니다.

하나님을 사랑하는 자, 하나님의 무한 약점입니다.

누가복음15장, 돌아오는 탕자의 마음은

지금부터는 아버지의 아들이라 일컬음을

감당하지 못하겠나이다

나를 품꾼의 하나로 보소서 하리라 하고 (눅15:19)

아버지와 함께 살 수 있다면 품꾼도 좋습니다.

고생도 괜찮습니다. 아버지를 사랑합니다.

하나님께 무엇을 얻고자 해서가 아니라

하나님이 좋아서, 사랑해서 예배를 드리십니까?

돌아온 탕자가 아버지 집에서 어떻게 생활했을까요?

성경에 기록되지 않았습니다.

우리의 삶으로 답해야 합니다.

돌아온 탕자는 종처럼 살았을 겁니다.

아니 자기 집의 종보다 더 부지런하고 더 열심히...

아버지 집의 일을 했을 것입니다.

은혜를 감사하기에...아버지를 사랑하기에..

그리고 아버지집이 자기 집이기에...

억지로가 아니라 감사로, 사랑으로, 은혜로 합니다.

너희 중에 누구든지 으뜸이 되고자

하는 자는 너희의 종이 되어야 하리라 (마태20:27)

형제들아 너희가 자유를 위하여 부르심을

입었으나 그러나 그 자유로 육체의 기회를 삼지 말고

오직 사랑으로 서로 종노릇 하라 (갈5:13)

하나님을 사랑하는 자 되십시요.

거기에 하나님의 약점이 있습니다.

은혜와 축복의 통로가 있습니다.

다 품으시는 하나님
{사사기 11:1-11}

―

일본 파나소닉의 창업자요 경영의 신이라고
불리는 '마쓰시다 고노스케' 회장은
가난한 집에서 태어나 초등학교도 졸업을
못했습니다.

그는 "가난했기때문에"라고 말하지 않고
"가난 덕분에 근검절약하여 부자가 되었다"
"배우지 못한 덕분에 평생 공부에 관심을 많이 가졌다"
코로나 때문에...~때문에...불평하기보다
모든 것이 합력하여 선이 되게 하시는 하나님의 은혜로
우리 삶의 모든 것 덕분에 날마다 더 행복하시길. ..

모순으로 가득한 현실

사사기를 읽으며 느끼는 것은 인생이 모순으로
가득하다는 사실입니다. '사사 입다'는 기생에게서
태어났습니다. 그래서 형제들로 부터 쫓겨나 '돕'에서
사는데 그렇게 쫓아낸 마을사람들이 '암몬'의 침략에
입다에게 전쟁에 군대 장관으로 나서줄 것을 요청합니다.
입다가 길르앗 장로들에게 이르되 너희가 전에 나를
미워하여 내 아버지 집에서 쫓아내지 아니하였느냐
이제 너희가 환난을 당하였다고 어찌하여
내게 왔느냐 (삿11:7)
쫓아 낸 사람에게 도와달라니 모순입니다.
하나님을 거부하고 우상을 좇아 내 마음대로 살다가
어려우면 하나님께 도움을 요청하니 모순된 신앙입니다.

전쟁에 나서기 전 입다가 서원합니다.

내가 암몬 자손에게서 평안히 돌아올 때에 누구든지 내 집 문에서 나와서 나를 영접하는 그는 여호와께 돌릴 것이니 내가 그를 번제물로 드리겠나이다 하니라 (삿11:31) 하나님이 요구하지도 않고 싫어하시는 (레20:1~3)내용의 서원을 제맘대로 하고 그 결과로 딸을 죽이게 되니 승리하고 성공한들 무슨 즐거움이 있겠습니까?

인생! 모순입니다.

승리한 입다를 에브라임 지파가 시비걸고 모욕을 합니다.

에브라임 사람들이 모여 북쪽으로 가서 입다에게 이르되 네가 암몬 자손과 싸우러 건너갈 때에 어찌하여 우리를 불러 너와 함께 가게 하지 아니하였느냐 우리가 반드시 너와 네 집을 불사르리라 하니 (삿12:1)

나름 기회다 싶어서 목숨 걸고 전쟁을 승리로 이끌었건만 어려울 때는 모른척하더니 '왜 안 불렀냐' 고 시비합니다.

"내 인생은 왜 이렇게 꼬이냐?"

입다가 얼마나 화났던지

에브라임지파 42,000여명을 죽입니다.

그 때에 에브라임 사람의 죽은 자가 사만 이천

명이었더라 (삿12:6)

기껏 구하고는 죽입니다.

모순으로 가득합니다.

이것이 현실이요 인생입니다.

'자기 생각의 좋은대로' 살기 때문입니다.

다 품으시는 하나님

정작 '입다' 자신조차 자기 인생이 왜 이리도 비참한가?

납득하지도 자랑하지도 못하는 사람을 하나님은 사사로

하나님의 일꾼으로 사용합니다.

이런 인생도..이런 처지의 사람도

그 인생이 헛되지 않으며 하나님의 은혜 안에 있습니다.

후회스럽고 억울하고 절망 뿐인 인생에

반전이 있음을 입다가 우리에게 증언합니다.

죽을 것 같은 인생을 산 사람이 나만이 아닙니다.

나만 이 꼴이 아닙니다.

내 인생에 한숨짓는 그 일과 스스로를 아무것도 아닌

존재로 생각하게 하는 그 일들로

하나님이 일하고 계시다는 사실을 아셔야합니다.

이것을 모르면 인생은 그저 죽어나는 일입니다.

모순된 현실 속에서 하나님이 일하고 계십니다.
이것을 아는 사람은 범사 감사함과 넉넉함이 있습니다.
그러니 여러분의 인생을 영광의 기회로
삼으셔야 합니다.

머리가 되겠느냐

'머리가 되겠느냐'
전쟁에 나서는 입다의 요구요 하나님의 요구입니다.
어려울 때는 하나님께 도움을 요청하고
문제가 해결되면 또 자기 생각의 좋은대로 살아
하나님을 왕으로 모시지 않습니다.
신앙인의 불신앙, 모순된 믿음입니다.

남, 녀가 사랑한다는 것은 서로의 인생을 간섭하고
간섭받는 것입니다. 너랑 같이 밥 먹고 싶고...
모든 것을 너랑 같이 하고 싶어..그래서 결혼을 합니다.
그리고는 왜 간섭하냐고 부부싸움을 합니다.
사랑은 간섭을 허용하고 오히려 기뻐하는 것입니다.
하나님은 간섭쟁이 입니다.
내 삶의 모든 것에 개입하시고 간섭하시길 원하십니다.

그것을 허용하고 요청함이 믿음입니다.
하나님으로 나의 머리가 되게 하는 것입니다.
하나님의 간섭과 다스리심에 겸손히 복종하는 것이
믿음이요 그럴 때 내 삶의 모든 것으로 덕 보게 하시고
합력하여 선이 되게 하실 것이니
성도된 이 복을 잃지 않으시길 중보합니다.

믿음과 순종
{사사기 13:1-7}

―

모든 영화나 드라마는 각본이 있고
배우는 감독의 각본대로 연기합니다.
하나님의 각본은 이미 정해져 있습니다.

하나님은 우리의 인생에서 겪는 나쁜 일이 나쁜 일로,

악한일이 악한일로 끝나도록 내버려두지 않습니다.

반드시 합력하여 선이 되게 하십니다.

그러니 하나님을 사랑하는 자 되는 일에 힘쓰셔도 됩니다.

누구의 눈이 중요한가?

이스라엘 자손이 다시 여호와의 목전에 악을

행하였으므로 여호와께서 그들을 사십 년 동안 블레셋

사람의 손에 넘겨 주시니라 (삿13:1)

노래의 후렴처럼 사사기에 계속 반복되는

여호와의 목전에 악을 행하였으므로...어찌 살기에?

사람마다 자기 소견에 옳은대로 행하였더라(17:6)

하나님 보시기에는 악하게..자기 눈에는 좋은대로

누구의 눈이 정확하고 옳습니까?

누구의 눈이 중요합니까?

하나님이 보시기에 어떠한가? 가 중요합니다.

하나님이 보시기에 좋은 삶을 살아내셔야 합니다.

불가능을 행하시는 하나님

소라 땅에 단 지파의 가족 중에 마노아라 이름하는

**자가 있더라 그의 아내가 임신하지 못하므로 출산하지
못하더니 (삿13:2)** 그런데 하나님께서 **보라 네가 본래
임신하지 못하므로 출산하지 못하였으나
이제 임신하여 아들을 낳으리니 (삿13:3)**
하나님은 인간의 불가능한 일들 속에서 행하심으로
하나님의 역사를 이루십니다.
아브라함 100세에 이삭의 출생,
한나의 사무엘 출생, 세례 요한의 출생,
임신이 불가능한 처녀 마리아에게서 태어나신 예수님
인간은 아무것도 할 수 없을 때, 불가능을 행하십니다.
마노아의 아내는 아이를 낳지 못하는 수치로 절망하며
날마다 죽어나는 인생에서 은혜로 장차 이스라엘을 구할
사사 삼손을 출산하므로 기쁨과 감격의 삶을 삽니다.

이스라엘은 블레셋에게 40년을 압제 당하므로
마노아의 아내의 불임처럼 희망을 품을 수 없습니다.
미래가 불임상태입니다.
그 불가능 속에 하나님이 행하십니다.
마노아의 아내에게 아이를 주시고
그 아이 '삼손'으로 이스라엘을 구원하십니다.

끝났다구요? 안된다구요?

불가능을 행하시는 하나님으로

존귀와 기쁨, 은혜가 어떠함을 맛보시기 바랍니다.

믿음과 순종

보통은 그 시절의 영향을 받고 유행을 따릅니다.

사사임에도 '입산', '압돈'은 여러 부인과 첩을

두었습니다.

그런 시절임에도 마노아는 아내가 임신하지 못함에도

부인이나 첩을 두지 않습니다. 아내를 지키고

하나님의 은혜를 기다립니다.

그러는 중, 마노아의 아내는 임신하리라는

하나님의 말씀을 들었고 그 말씀을 믿었습니다.

그리고 남편에게 전합니다.

그가 내게 이르기를 보라 네가 임신하여 아들을 낳으리니

이제 포도주와 독주를 마시지 말며 어떤 부정한 것도

먹지 말라 이 아이는 태에서부터 그가 죽는 날까지

하나님께 바쳐진 나실인이 됨이라 하더이다 하니라 (삿13:7)

마노아와 아내는 하나님이 계획하시고 약속하신

말씀을 믿었고 순종했습니다.

그래서 얻은 아들이 나라를 구할 사사 '삼손' 입니다.

믿음과 순종!
불가능을 행하시는 하나님의 역사를 봅니다.
누구의 눈이 중요한가요?
하나님이 보시기에 좋은 삶을 오늘 살아냅시다.
여러분을 중보하겠습니다.

수수께끼
{사사기 14:10 -14}

—

'좋다' '싫다'고 생각하는데도 뇌에서
에너지를 사용합니다.
그때 에너지로 쓰이는 단백질 분해가
다르답니다.

일이 잘 안 될 때라도 '좋은 경험 했네' 긍정적으로
생각하면 '엔돌핀'(수면중에 나오는 호르몬으로 피로,
병을 치유)이 나옵니다.
감사, 감탄, 감동할 때 '엔돌핀'의 4,000배나 되는
'다이돌핀'이 솟는답니다.
말씀의 은혜를 깨달을 때, 기도로 주님의 응답,
찬송의 감동, 예배의 감격을 경험할 때,
하나님은 이미 우리 몸 속에 치유를 작동하게 하시고
예배자의 중심을 보시고 더 큰 은혜를 주십니다.
이 귀한 복을 날마다 누리시길 축복합니다.

수수께끼

삼손이 딤나의 여인과의 혼인잔치에서 수수께끼를
냅니다. "먹는 자에게서 먹는 것이 나오고
강한 자에게서 강한 것이 나온다"...그게 뭘까요?
그 답은 14:5-9을 읽으면 압니다.
"사자를 죽였는데 벌들이 모여들어서 꿀이 있었더라"
이런 일이 거의 없습니다.
경험하기 전에는 말이 안 되는 일입니다.
수수께끼의 내용이 '뭐 이런 일이 있어' 이듯

예수님, 십자가, 구원, 복음, 교회가 우리의 생각과
지혜로는 수수께끼-뭐 이런 일이 있는가? 입니다.

하나님이 보내신 구원자를 우리가 십자가에 죽였습니다.
그런데 3일 만에 다시 사셨습니다.
다시 살아난 그분이 당신을 죽인 우리에게
복수가 아니라 구원을 주셨습니다.
있을 수 없는 일이 벌어진 겁니다.
말이 안 되는 일이 일어났습니다.
그래서 세상은 믿을 수 없습니다.
십자가의 도가 멸망하는 자들에게는 미련한 것이요
구원을 받는 우리에게는 하나님의 능력이라 (고전1:18)

십자가가 미련한 것, 말이 안 되는 일입니다.
구원자라면 구원받아야 할 자보다
신분과 능력이 뛰어나야 합니다.
그런데 예수님은 말구유에서 나셨습니다.
수치와 모욕을 당하시고 우리 손에 죽으셨습니다.
이게 무슨 구원의 방도입니까? 말이 안 됩니다.
그러나 여기에 세상의 지혜로는 알 수 없는

수수께끼 같은 하나님의 능력이 있습니다.
강한 사자를 죽였는데 거기서 단 꿀이 나옵니다.
예수님을 믿음으로 구원받은 사람만이 아는
하나님의 지혜요 능력입니다.

예수께서 이르시되 할 수 있거든이 무슨 말이냐
믿는 자에게는 능히 하지 못할 일이 없느니라 하시니
곧 그 아이의 아버지가 소리를 질러 이르되 내가
믿나이다 나의 믿음 없는 것을 도와 주소서
하더라 (마가 9:23-24)

믿는 자가 되셔야합니다.
믿으면서도 못 믿는, 신앙 속의 불신앙을 깨닫고
"나의 믿음 없는 것을 도와주소서"
믿는 자 되기를 기도하셔야 합니다.
그래서 믿는 자 에게 능치 못 할 일이 없는...
말이 안되는, 있을 수 없는 일을 보시기를 중보합니다.

말도 안되는 은혜

하나님이 주신 특별한 은사와 축복에도 삼손은
여인의 치마폭에서 인생을 망치는 한심한 인생입니다.

자기 힘 자랑으로, 정욕을 좇아, 자기 성질 내는 것인데
하나님은 그 한심한 것으로 이스라엘을 구원하십니다.
우리의 실패와 실수, 죄된 어리석음에도
하나님은 하나님의 일을 이루십니다.
그런 분이십니다. 하나님은...
그러니 잘 믿어야합니다. 아니 사랑해야 합니다.

미련하다 비난받으면서도 방주를 지은 노아
옥에서도 꿈꾸던 요셉,
사자굴 속에 던져짐에도 기도하던 다니엘.
믿음을 넘어서 하나님을 사랑한 분들입니다.

십자가에서 우리 위해 죽으신 미련한 예수님!
믿으세요. 그 고마우신 주님을 사랑하세요.
그리하여 수수께끼 같은 인생에
말이 안 되는 은혜와 구원의 수수께끼의 답을
아는 자로서의 넘치는 기쁨과 감사가
날로 더해 가시기를 축복합니다.

믿음의 용량을 키우자
{사사기 15:9-13}

—

살면서 속상하고 억울한 일이 왜 없겠습니까? 그때가 믿음의 사람됨을 나타낼 절호의 기회입니다. 기도함으로 깨어있어 성령께서 주시는 은혜의 말을 입술에 머금고 지혜의 말로 하나님이 함께 하는 자 됨을 증거하는 믿음의 용량을 키워 가시기를 중보합니다.

당연

삼손의 시대는 블레셋의 압제 하에 있던 때로
이스라엘은 블레셋의 통치를 저항 없이 순응하고
있었습니다.
삼손조차도 블레셋의 딸과 결혼했고
블레셋의 다스림을 당연시 현실로
인정하고 블레셋과 평화롭게 지냅니다.
그것이 하나님과의 거역, 죄의 결과요
하나님을 경외하지 않음에도
평안하니...성공했으니...모로 가도 서울만 가면...
그러나 위험한 성공입니다.
거짓 평화입니다.
언제라도 블레셋은 이스라엘을 삼킵니다.
기도하지 않는데, 하나님을 경외하지 않는데
일이 되고 평안하신 걸 당연한 일로 여기지 마세요.
당연한 일은 없습니다.
하나님이 모든 것의 주권자이시기에
어느 날 하나님의 뜻이 드러납니다.
그때, 지금 이대로 괜찮으시겠는지요?

분별

하나님의 백성이지만 이스라엘은 블레셋과 평화를
유지하고 욕심의 우상을 좇아 하나님을 거역하고
세상과 대립하는 위험을 감수하는 대신
차라리 하나님이 보내신 구원자 삼손을 결박하여 내어줍니다.
그렇게 예수님을 십자가에 못 박았습니다.
적과 아군을 분별하지 못합니다.
누구를 따라야하는지 구별을 잘 못하고 있습니다.

블레셋의 지배 아래 40년이나 지나는 동안
"문화적 예속"으로 우상숭배, 블레셋 문화, 풍습에 젖어
블레셋은 이스라엘의 아군이요
하나님의 백성으로서의 정체성과 신앙을 잃고
이스라엘은 멸종 위기입니다.
하나님과 하나님의 사람, 삼손이 적군입니다.
구원자 예수님을 적으로 십자가에 매단 것입니다.

부인하고 십자가에 못 박아야 할
내 안의 욕심과 옛 사람을 편드심으로
축복하고 사랑하고 얼마든지 관용해야 할

하나님의 사람과 하나님의 일과 하나님의 영광을
대적하고 있는 자신을 보셔야 합니다.

40년의 블레셋의 지배 아래에서
이스라엘은 전혀 기도하지 않았습니다.
하나님의 은혜를 구하지 않았습니다.
그래서 눈이 어두워진 채로
자기들의 소견에 옳은대로 행하는
분별없는 삶을 살고 있는 겁니다.

용량

자신을 결박하여 블레셋에게 넘기려는 유다지파에게
삼손은 아무 저항 없이 순순히 결박당해 줍니다.
나귀턱뼈로 천명도 죽였던 삼손인데
삼손은, 주님은 순순히 결박당하십니다.
자기에게 도저히 해서는 안 될 짓을 하고 있음에도
동족이요 구원해야 할 백성입니다.
싸울 대상은 블레셋이지 동족이 아니기 때문입니다.
진짜 싸워야 할 적이 무엇인지 압니다.
용량이 다른 겁니다. 그릇이 다릅니다.

믿음의 용량을 키워야 합니다.

아브라함은 25년을 기다려 약속의 자손을 얻습니다.

사사시대에 모두가 당연하게 살던 때에

야베스는 기도함으로 복에 복을 더하는

하나님의 응답을 받습니다.(역대상4:9,10)

기도의 용량을 키우셔야 합니다.

감나무 아래에서 감이 떨어지기만을

기다려서는 안됩니다.

구하라 그리하면 받으리니 너희 기쁨이 충만하리라 (요16:24)

오늘도 나의 가장 큰 웬수,

나 자신을 잘 이기시고

하나님이 함께 하는 사람으로

넓고, 깊고, 큰 믿음으로 하나님의 뜻을 따라

그 나라와 의를 구하고 (마6:33)

그리스도 예수의 마음으로 (빌2:5)

그리스도의 장성한 용량에 이르기 까지 (엡4:13)

자라가는 모든 순간이 되셔야 합니다.

함께 갑시다. 응원합니다.

축복과 비극
{사사기15:14-20}

—

에덴의 축복이 실낙원의 비극으로 끝나듯
하나님이 주신 축복을 비극으로 바꾸는 것은
우리의 죄와 욕심입니다.

축복

삼손 인생의 최대축복은 늘
'하나님이 함께하셨다는 것'입니다.

그 여인이 아들을 낳으매 그의 이름을

삼손이라 하니라

그 아이가 자라매 여호와께서 그에게 복을 주시더니

여호와의 영이 그를 움직이기 시작하셨더라 (삿13:24-25)

오늘 본문에도 결박당한 삼손에게

여호와의 영이 삼손에게 갑자기 임하시매

그의 팔위의 밧줄이 불탄 삼과 같이 그의 결박되었던

손에서 떨어진지라 (삿15:14)

나귀 턱뼈로 블레셋 사람 천명을 죽인 것이

삼손이 강력해서가 아니고 하나님이 함께하셨기 때문이요.

나귀 턱뼈가 강력한 무기여서가 아니고 하나님이 함께

하심을 보여주는 도구입니다.

삼손의 힘이 긴 머리카락에서 오는 게 아닙니다.

하나님이 함께 하신 때문입니다.

하나님이 우리와 함께 하십니다.

내 자신의 실패, 현실에서의 절망적 고통의 눈물이

뚝뚝 떨어지는 상황일지라도 함께 하시는 하나님으로
위로와 힘, 역전의 은혜가 일어나기를 기대합니다.

비극

하나님이 함께 하신다는 사실을 모르는 것이 비극입니다.
누구 때문에...무엇 때문에...탓하고 원망과 불평함은
하나님이 나와 함께하심을 모르기 때문입니다.
우리는 떡을 구하고는 떡을 주신 하나님을 잊습니다.
삼손은 하나님이 주신 능력으로 자기 욕망을 좇고 자랑은
하면서도 그 능력을 주신 하나님을 의식하지 않고
함께 하시는 하나님을 깨닫지 못해서 그 탁월한 능력으로
욕심과 욕망을 좇다가 비극으로 끝났습니다.

요셉은 노예로 팔렸음에도 함께하시는 하나님을
의지하여 동행함으로 노예임에도 형통합니다.
비극이 오히려 축복이 되었듯
하나님과 함께, 하나님 앞에서 살아가시길 바랍니다.

고난의 유익

삼손은 천명의 블레셋사람을 죽이고

목말라 하나님께 부르짖습니다.

**삼손이 심히 목이 말라 여호와께 부르짖어 이르되
주께서 종의 손을 통하여 이 큰 구원을 베푸셨사오나
내가 이제 목말라 죽어서 할례 받지 못한 자들의 손에
떨어지겠나이다 하니 (삿15:18)**

하나님이 함께 하시는 줄 모르면 인생은 죽어나는 겁니다.
목말라 죽을 것 같은 고통 속에서 삼손은 처음으로,
부르짖습니다.
고난이 기도하게 했습니다.
고난이 하나님의 임재를 깨닫게 합니다.
그래서 인생에 내 힘으로 어쩔 수 없는 고난이 옵니다.
그때 기도가 되셔야 합니다.
하나님을 구해야 합니다.

나귀 턱뼈로 천명을 죽일 능력이 있었음에도
목마름은 해결하지 못하는 인생의 모순.
그것이 인생이라면 깨닫고 고백하셔야 합니다.
'주님여 이 손을 꼭잡고 가소서'

하나님은 나와 함께 하십니다.

이 놀라운 축복이 비극이 되지 않도록
함께 하시는 은혜를 잃어버리지 않는
여러분이 되시기를 축복합니다.

라맛레히 & 엔학고레
{사사기15:14-20}

―

눈에 보이지는 않지만 우리 사회에 '유리천장'으로 불리는 차별과 편견, 깨지지 않는 벽이 있습니다.
하나님과 인간 사이의 벽을 깨뜨리셔서 구원을 이루신 주님으로 삶의 어떠한 벽도 깨뜨리는 은혜로 하나님이 이루시는 놀라운 일을 보게되시길 중보합니다.

라맛레히 – 턱뼈의 동산

블레셋 사람 천여명을 나귀턱뼈로 죽이고 그 쌓인
시체들이 산을 이루는 모습에 삼손이 붙인 이름입니다.
이르되 나귀의 턱뼈로 한 더미, 두 더미를 쌓았음이여
나귀의 턱뼈로 내가 천 명을 죽였도다 하니라
그가 말을 마치고 턱뼈를 자기 손에서 내던지고
그 곳을 라맛 레히라 이름하였더라 (삿15:16-17)
삼손이 보여주는 인간의 대표적 특징은
'자기 자랑', '자기 공로', '자기 업적' 입니다.
인간은 자랑하기 위해 삽니다.
《호랑이는 죽어 가죽을 남기고 사람은 이름을 남긴다》
자기 이름을 내세우려함이 선악과 이고 바벨탑입니다.

삼손이 천명을 대적한 것이 자기의 힘이나 나귀 턱뼈가
신박해서가 아니라 하나님이 함께 하셨기 때문입니다.
삼손이 레히에 이르매 블레셋 사람들이 그에게로 마주
나가며 소리 지를 때 여호와의 영이 삼손에게 갑자기
임하시매 그의 팔 위의 밧줄이 불탄 삼과 같이 그의
결박되었던 손에서 떨어진지라 (삿15:14)
하나님의 은혜로 된 것을 우리는 '내가 뭔가 특별해서'

된 걸로 생각하고 하나님의 은혜, 하나님이 함께하심에
대한 감사보다 나를 앞세우고 자랑하는 어리석음으로
마귀의 종노릇하고 바벨탑을 쌓는 죄를 짓습니다.
자신의 업적과 이름을 내려고 하나님을 방법으로,
수단으로 동원하여 자기 자랑합니다.

엔학고레 - 부르짖은 자의 샘

'내가 나귀 턱뼈로 천명을 죽였다' 고 자기 자랑을 하지만
인간은 목마름으로 죽어납니다. 자신의 목마름은
해결하지 못하는 한심하고 가련한 존재입니다.
자기 업적과 자랑, 힘, 노력을 내세우는 '라맛레히' 에서
하나님이 도우시고 응답하시는 은혜로 사는 '엔학고레'
의 자리로 옮겨야 합니다.
'라맛레히' 에 있는 한 인생은 죽어나는 겁니다.
겉으로는 눈에 보이는 업적과 성과, 잘남을 자랑하지만
다 목마른 인생입니다.

믿음은 '엔학고레' 입니다.
하나님이 함께하시지 않으면 안 됩니다.
하나님의 은혜 아니면 안 됩니다.

나를 도우소서 "주님여 이손을 꼭 잡고 가소서"
매일, '엔학고레'의 삶으로 삼손처럼
회복되고 소생하는 은혜가 있기를 축복합니다.

하나님이 레히에서 한 우묵한 곳을 터뜨리시니
거기서 물이 솟아나오는지라
삼손이 그것을 마시고 정신이 회복되어 소생하니
그러므로 그 샘 이름을 엔학고레라 불렀으며
그 샘이 오늘까지 레히에 있더라 (삿15:19)

밧세바 신드롬
{사사기 16:1-3}

—

내 처지와 상황이 어렵다고 함부로
살지 마세요.
요셉은 노예임에도 아무렇게나
살지 않았습니다.
하나님이 함께 하실 수 있었습니다.
여러분의 어떠함에도 빛되게 살아
하나님이 함께 하시는 은혜의 증거자가
되시기를 바랍니다.

밧세바 신드롬

사회적으로 성공한 사람들이 왜 윤리적으로 문제가 생기는가?
경영학 교수들이 연구했습니다.
"성공한 리더들의 윤리적 실패 ; 밧세바 신드롬"
다윗은 밧세바를 범하고 그 남편, 우리야를 전쟁에서 죽도록 사주합니다.
그때가 성공의 정점에서입니다.
성공에 도취하여 스스로가 모든 것을 통제할 수 있다고 자신만만합니다.
삼손도 평생에 한 번도 져본 적이 없습니다.
자기의 의도대로 되지 않은 일이 없습니다.
어떤 문제도 자기의 힘으로 해결이 되었습니다.
밧세바 신드롬에 빠져있습니다.

삼손이 가사에 가서 거기서 한 기생을 보고
그에게로 들어갔더니 (삿16:1)
블레셋 의 수도인 가사는 블레셋의 남쪽 지역이어서
가려면 블레셋을 관통해서 가야합니다.
15장에서 천 여명의 블레셋 사람을 죽여서 요주의 인물로 블레셋 사람들의 원한이 가득한 곳을 갑니다.
'나는 괜찮아' 자신만만합니다.
그 자신감이 훗날 두 눈을 뽑히는 비극을 초래합니다.

일이 잘 되고 성공적일 때,
축복이 비극이 되지 않도록 그 복을 주신 하나님께
감사와 영광, 순종으로 하나님의 기쁨이시기를…

빗나간 시선

삼손이 가사에 가서 거기서 한 기생을 보고 (삿16:1)

가사에 간 목적, 기생을 보러 갔습니다.
내가 보는 것이 내 수준입니다.
죄는 '과녁에서 빗나간 화살' 입니다.
조준이 잘못 되었기에,
목적이 틀렸기에 빗나갑니다.
삼손의 시선이 하나님을 향해 있고
하나님이 주신 힘으로
사명에 촛점을 맞추었다면
'가사'에 갈 일이 아니요
기생이 눈에 들어오지 않았을 일입니다.

무엇을 보느냐? 시선을 교정하셔야 합니다.

하늘에 계시는 주여 내가 눈을 들어 주께 향하나이다.
상전의 손을 바라보는 종들의 눈 같이,
여주인의 손을 바라보는 여종의 눈 같이 우리의 눈이
여호와 우리 하나님을 바라보며 우리에게 은혜 베풀어
주시기를 기다리나이다. (시편 123:1-2)
히브리 믿음의 주요 또 온전하게 하시는 이인 예수를
바라보자.
그는 그 앞에 있는 기쁨을 위하여 십자가를 참으사
부끄러움을 개의치 아니하시더니 하나님 보좌 우편에
앉으셨느니라. (히브리12:2)

성령의 다스림

삼손이 가사에 가서 거기서 한 기생을 보고
그에게로 들어갔더니 (삿16:1)
밧세바 신드롬에 빠진 삼손의 문제는 빗나간 시선과
그것을 통제할 제동장치가 없다는 겁니다.
그에게로 들어감에 주저함, 고민이 없습니다.
이것이 인생의 어리석음이요 죄의 치명타입니다.

다윗도 목욕하는 여인을 보고..보게 된 거니

그랬다 치고 거기서 멈추었으면 됩니다.

누구냐? 우리야의 아내입니다.

전쟁터에서 나라를 위해 충성하는 장군의 아내,

'미인을 아내로 두었구만'

그때라도 멈추면 좋았을 것을...

욕심이 잉태한즉 죄를 낳고 죄가 장성한즉 사망을 낳느니라 (야고보1:15)

죄를 이길 수 없습니다.

주님의 은혜 아니면 안됩니다.

성령의 다스림에 순종해야 합니다.

오직 성령의 열매는 사랑과 희락과 화평과 오래 참음과 자비와 양선과 충성과 온유와 절제니 이같은 것을 금지할 법이 없느니라 (갈 5:22-23)

성령의 9번째 열매, '절제'가 안되면 맺은 좋은 열매를 다 쏟습니다.

말짱 도루묵 됩니다.

만일 너희 속에 하나님의 영이 거하시면 너희가 육신에 있지 아니하고 영에 있나니 (로마서8:9)

누구든지 그리스도의 영이 없으면 그리스도의 사람이 아니니라
우리는 다 밧세바 신드롬에 빠져 삽니다.
"내가 누군데…" "나는 절대 그럴 일 없어"
아닙니다. 나는 하나님의 은혜 아니면 안되는
죄인입니다.
성령님 나를 다스려 주소서.
내게서 떠나가지 마옵소서.

심령이 가난한 자로
오늘도 은혜를 구걸하는 은혜의 사람되소서!

위험한 성공
{사사기 16:1-3}

—

14C 중세 유럽에서 흑사병으로 유럽인구의 1/3이 죽을 때 유대인들이 흑사병을 전염시켰다고 모함을 받았습니다. 유대인들은 흑사병에 걸린 사람이 없었기 때문이죠.

하나님께 매일 아침 기도하고 성경보려고 목욕하고
외출하고 돌아 오면 감사 기도하려고 손 씻는 신앙습관이
창궐한 흑사병에 아무도 전염되지 않았던 것입니다.
매일 하나님 앞에서 말씀 묵상과 기도의 경건한 습관으로
코로나 한가운데서도 강건하고 형통한 복을 누리시길
축복합니다.

습관

삼손에 대한 기록은 이방 여인을 만나러 가는 것으로
시작됩니다.

**삼손이 딤나에 내려가서 거기서 블레셋 사람의
딸들 중에서 한 여자를 보고 (삿14:1)
얼마 후 밀 거둘 때에 삼손이 염소 새끼를 가지고 그의
아내에게로 찾아 가서 (삿15:1)
삼손이 가사에 가서 거기서 한 기생을 보고
그에게로 들어갔더니 (삿16:1)**

삼손의 전형적 삶의 패턴, 습관입니다.
내 삶의 반복되는 습관, 패턴이 바로 '나' 입니다.
지나온 과거가 불만, 후회되십니까?
오늘 바꾸면 됩니다. 멈추면 됩니다.

다가올 미래가 불안하십니까?
그 미래는 지금 내가 어떻게 하느냐에 달렸습니다.
14, 15장의 잘못을 16장에서 삼손이 멈추었으면
들릴라에게 빠져 두 눈을 뽑히지 않았을 것입니다.
그러나 삼손은 습관대로 육신의 소욕을 좇아
비극의 주인공이 되고 맙니다.

예수님으로 구원받아 새로운 피조물 된 우리는
다니엘처럼, 예수님처럼 거룩한 습관을 갖도록
경건의 연습을 해야 합니다.
다니엘이 이 조서에 왕의 도장이 찍힌 것을 알고도 자기 집에 돌아가서는 윗방에 올라가 예루살렘으로 향한 창문을 열고 전에 하던 대로 하루 세 번씩 무릎을 꿇고 기도하며 그의 하나님께 감사하였더라 (단 6:10)
예수께서 나가사 습관을 따라 감람산에 가시매 제자들도 따라갔더니 (누가22:39)
사자 굴에 던져질 위협 속에서도, 십자가 앞에서도
흔들리지 않는 견고한 믿음은 습관 된 경건의
훈련입니다.
내 삶의 패턴, 스타일을 거룩한 습관으로

바꾸어 가는 성숙한 믿음의 새사람 되시길 중보 합니다.

위험한 성공

습관이 잘못된 삼손에게 능력과 성공은 위험합니다.
성공이 실패와 시련보다 더 큰 어려움을 줍니다.
자기가 잘난줄...자신이 최고인줄 교만합니다.
삼손은 하나님이 주신 은사와 복 때문에
하나님을 잊고 거역하는 어리석음으로 끝내
두 눈을 뽑히는 비극으로 끝났습니다.

**나를 믿지 아니하고 이스라엘 자손의 목전에서
내 거룩함을 나타내지 아니한 고로 너희는 이 회중을
내가 그들에게 준 땅으로 인도하여 들이지 못하리라
하시니라 (민20:12)**
내가 누군데... 내가 지금까지 어떻게 했는데..
불평하는 백성들에게 자기 업적과 자랑으로 성질 한번
낸 것으로 모세와 아론은 가나안을 들어가지 못합니다.

**그 날에 많은 사람이 나더러 이르되 주여 주여 우리가
주의 이름으로 선지자 노릇 하며 주의 이름으로**

귀신을 쫓아 내며 주의 이름으로 많은 권능을 행하지 아니하였나이까 하리니 그 때에 내가 그들에게 밝히 말하되 내가 너희를 도무지 알지 못하니 불법을 행하는 자들아 내게서 떠나가라 하리라 (마태7:22-23)

뭔가 남보다 잘난 것이 있습니까?
남들보다 특별한 은혜와 사랑을 받으셨습니까?
나름 믿음으로 사셨고 기도와 봉사를 좀 했다 싶습니까?
그래서 간증과 자랑이 있으십니까?
그렇게 해주신 하나님께 감사하십시요.
그리고 그 하나님께 무엇을 할까?
이 마음이셔야 합니다.
안 그러시면 말짱 도루묵입니다.
축복이 비극됩니다.

성공이든 실패든 하나님을 의지하고 순종하는
경건의 습관, 패턴, 스타일로
하나님이 함께 하는 사람이 되십시요.
모든 것이 합력하여 선이 되는 은혜 안에 살 것입니다.
할렐루야!

말짱 도루묵
{사사기 16:1-3}

—

임진왜란 때 선조께서 몽진가시다가
드신 '묵'이라는 생선을 궁궐에 돌아와 다시
드시고는 그 맛이 아니어서
"도로 묵이라고 하거라" 해서 도루묵이
되었다는 예기는 기록에 없어 확인되지
않지만 '말짱 도루묵은 헛된 일, 헛수고"를
일컬을 때 쓰입니다.

말짱 도루묵

삼손을 보면서 '말짱 도루묵' 이라는 생각을 합니다.

아니, 사사기와 구약의 이스라엘,

그리고 우리 인생이 '말짱 도루묵'입니다

삼손은 15장에서 기도하여 엔학고레, 응답의 은혜를

경험하므로 자기의 힘으로만은 안 되고 하나님이

도우셔야 됨을 경험했습니다.

그랬으니 이제는 삼손이 달라졌으리라 했는데

그러나 그 기대는 16장의 문을 열자 무너집니다.

삼손이 가사에 가서 거기서 한 기생을 보고

그에게로 들어갔더니 (삿16:1)

은혜를 경험하고는 감격하여

'엔학고레' 찬송하고는 다시 옛날로 돌아갑니다.

'말짱 도루묵' 입니다.

구약성경 내내 이스라엘의 모습이요 하나님을 떠난

인간의 죄성입니다.

그래서 바울은 절규합니다.

오호라 나는 곤고한 사람이로다

이 사망의 몸에서 누가 나를 건져내랴 (롬7:24)

믿음으로 살지 않는 한 인생은 '말짱 도루묵' 입니다.

조심하라

은혜를 받는 것보다 은혜를 유지하는 것이 더 힘듭니다.
그래서 주님도 **너희는 스스로 조심하라 그렇지 않으면
방탕함과 술취함과 생활의 염려로 마음이 둔하여지고
뜻밖에 그 날이 덫과 같이 너희에게
임하리라 (누가21:34)** 했습니다.
겨울철 자나 깨나 불조심 하듯 자나 깨나 말조심,
생각을 조심해야 합니다.
그런즉 선 줄로 생각하는 자는 넘어질까 조심하라 (고전10:12)

오직 은혜만이

나만 조심한다고 되지 않습니다.
하나님이 도우시고 지켜주셔야 합니다.
삼손의 힘으로만 되지 않듯 은혜가 있어야 합니다.
**이러므로 너희는 장차 올 이 모든 일을 능히 피하고 인자
앞에 서도록 항상 기도하며 깨어 있으라 (누가21:36)**
하나님의 도움을 요청하는 기도가 성도에게 가장
강력한 능력입니다.

삼손은 엔학고레의 은혜를 경험하고도

망하기 전까지 기도하지 않았습니다.

두 눈을 뽑히고 나서야 기도합니다.

삼손이 여호와께 부르짖어 이르되 주 여호와여

구하옵나니 나를 생각하옵소서 하나님이여 구하옵나니

이번만 나를 강하게 하사 나의 두 눈을

뺀 블레셋 사람에게 원수를 단번에

갚게 하옵소서 하고 (삿16:28)

눈이 뽑히기 전에 기도해야 했습니다.

유혹이 올 때 기도가 되어야합니다.

오직 주님 뿐입니다.

오직 은혜 뿐입니다.

아직 눈이 뽑히지 않은 지금,

아직 힘 있고 기회가 있는 지금

하나님을 의지하여 믿음으로 사십시요.

하나님의 은혜와 도우심으로

여러분의 믿음과 인생이

'말짱 도루묵' 되지 않기를 중보합니다.

믿음-묶여진 관계
{사사기 16:4-7}

—

'감정'이 하나님이 주신 축복이요
동시에 고통과 저주의 통로가
되는것은 종 잡을 수 없기 때문입니다.
"기분나쁘면 천국도 안가" 하는 정도라니요.
감정이 삶과 신앙을 이끌게 해서는 안됩니다.
감정을 다스릴 수 있어야 합니다.
기분대로 살지 마시고 말씀따라 믿음으로
사셔서 우리로 기쁨을 이기지 못하시는
하나님을 더욱 기쁘게 하시기를 축복합니다.

하나님께 묶인 사람

사랑장인 고전13:4-7, '사랑'에 하나님을 넣어보세요.

사랑은 하나님의 성품입니다.

그리고 '사랑'에 내 이름을 넣어보세요.

하나님의 사랑으로 구원받은 성도의 마땅한 성품이며 성화입니다.

사랑은 추상명사가 아니고 진심과 정열의 문제를 넘어 사랑은 묶이는 것입니다.

예수님의 성탄의 별칭을

"임마누엘(하나님이 우리와 함께 하심)"이라 한 것도

하나님이 우리를 묶으셨다는 말씀입니다.

"사랑은 오래 참고"에 묶여

겪게 되는 고통이기에 참는 것입니다.

2인3각으로 묶여있기에 우리를 참으시고 견디시고

십자가로 구원하셨습니다.

믿음은 하나님께 묶이는 것입니다.

사랑은 묶이는 것입니다.

그래서 오래 참고 모든 것을 함께 견딜 때 우리와

묶여계신 하나님이 책임지시는 형통을

누리게 됩니다.

서로에게 묶였습니다

삼손은 '들릴라'를 사랑함으로 '들릴라'에게 묶였습니다.

그 결과, 결박되고 눈이 뽑히고 비극에 처합니다.

무엇을 사랑하든지 좋습니다.

주 안에서, 하나님과 함께여야 합니다.

삼손은 하나님과 묶여있음에도

'자기 소견에 옳은대로' 삽니다.

사랑은 하는데 묶여있기는 싫습니다.

하나님의 은혜는 받고 묶이거나 불편하기는 싫습니다.

그 마음이 삼손이고 선악과 입니다.

그리고 결과는 실낙원이요, 죄요,

모든 것을 죽음으로 몰아넣고 맙니다.

예수님으로 우리는 더 이상 그렇게 허덕임으로

우리의 인생을 끝내서는 안 됩니다.

우리는 그물코같이 연결되어 삽니다.

그물코 하나가 풀리면 하나만 못쓰게 되는 게 아니고

더 큰 구멍이 되고 그리로 다 빠져나가게 됩니다.

그래서 교회가 어렵습니다.

나 하나는 나 하나로 끝나지 않습니다.

하나님이 나를 묶으심으로 교회와 온 세상을
묶으셨습니다.
그 속에 내 존재의 위대함과 명예와
하나님이 목적하신 영광이 드러납니다.
그러니 여러분의 어떠한 상황에 도망하지 마시고
십자가를 지시고 자신을 부인하여 묶여있음을 든든히
지켜 가십시오.
그리하도록 무엇을 구하든지 다 주시기로 하셨습니다.
너희가 나를 택한 것이 아니요 내가 너희를 택하여
세웠나니 이는 너희로 가서 열매를 맺게 하고 또 너희
열매가 항상 있게 하여 내 이름으로 아버지께 무엇을
구하든지 다 받게 하려 함이라. (요15:16)

하나님이 하십니다.

부모이기에…장로이기에…어쩔 수 없어서 지켜오고
버텨야 했던 그 일이 가장 위대한 조건이 됩니다.
노벨문학상을 수상한 "오에 겐자부로"도 안락사를 권한
아들을 키우기로 자신에게 묶고 책임질 때
그런 자신의 불행한 것 같은 조건이 오히려 자신을
위대하게 했고 위대한 작품을 쓸 수 있게 합니다.

나사렛 목수의 아들로 태어나 아무것도 아닌 30년,
공생애 3년의 많은 기적과 권능에도 십자가에 죽습니다.
그런데 이것으로 하나님이 일 하십니다.
우리가 예수님을 믿고 예수님을 따라 살아감에도
이 위대한 은혜가 주어져 있습니다.
우리는 하나님께 묶였기 때문입니다.
삼손의 못남에도 그를 통해 하나님이 일하셨 듯
바로 지금, 우리의 탄식과 원망 속에도
하나님은 성실하게 일하십니다.

내가 확신하노니 사망이나 생명이나 천사들이나 권세자들이나 현재 일이나 장래 일이나 능력이나 높음이나 깊음이나 다른 어떤 피조물이라도 우리를 우리 주 그리스도 예수 안에 있는 하나님의 사랑에서 끊을 수 없으리라 (롬8:38-39)

'자기소견에 옳은 대로' 잘 못 살지 마시고
하나님께 묶인 자로 하나님이 예수님으로 이미 이루신
구원과 은혜를 여러분의 삶에 담아내셔야 합니다.
그렇게 믿음으로 사는 여러분의 삶은 위대합니다.
하나님이 일하고 계시기 때문입니다.

삼손과 들릴라
{사사기16:4-9}

—

날씨가 추워집니다.
그래도 연인들은 연애를 하듯
형편과 상황의 어떠함에도 믿음으로
살아 함께하시는
하나님의 은혜와 복을 누리시길
축복합니다.

위험한 사랑

그동안의 여러 여인들 중에 진심으로 삼손이 사랑한
여인이 '들릴라' 인 듯 합니다.
필로에, 에로스, 스톨게, 아가페, 무엇이든
사랑은 좋은 것입니다.
그러나 하나님의 사랑에서 떠나
자기 만족을 위한 것으로서의 필요의 사랑은 위험합니다.

'들릴라'는 블레셋 방백들이 제시한 엄청난
재물을 얻기 위해 사랑을 이용합니다.
집요하게 삼손에게 "어찌하면 결박하여
굴복하게 할 수 있는지" 캐 묻습니다.
삼손이 말하도록 삼손을 사랑합니다.
그 사랑으로 삼손을 파멸로 이끕니다.
위험함에도 삼손은 '들릴라'를 진심 사랑하기에
자신의 비밀을 알려주고 머리털을 깍이고 잡혀
두 눈까지 뽑히고 맙니다.

열정과 로맨스가 넘쳤지만
서로가 '자기 충족' 에 빠진 것일 뿐

상대를 성장시키고 상대를 행복하게 함이 아닙니다.

우리에게 주신 하나님의 사랑을 모르면

우리는 사랑한다는 것으로

상처를 주고 상처를 받습니다.

죄와 욕심을 좇아 파멸에 이르게 됩니다.

하나님을 사랑하는 자

또 네 이웃을 사랑하고 네 원수를 미워하라

하였다는 것을 너희가 들었으나

나는 너희에게 이르노니 너희 원수를 사랑하며

너희를 박해하는 자를 위하여 기도하라 (마태5:43-44)

원수는 없었으면 좋은 사람,

필요 없는 사람입니다. 그런데 사랑하라 십니다.

너희가 여기 내 형제 중에 지극히 작은 자

하나에게 한 것이 곧 내게 한 것이니라 하시고 (마태25:40)

지극히 작은 자란 베풀어봤자 내게 돌아올 것이 없는

사람입니다.

그런 사람에게 한 것이어야 하나님이 기억하신답니다.

우리가 예배하고 기도하고 나름 믿음으로 사는 이유가

하나님의 사랑을 받고 복 받기 위한 것이라면

다른 종교들과 같이 기복적이요 우상일 뿐입니다.

기독교신앙은 십자가와 부활이라는 복음,
죄인이요 원수 된 우리를 사랑하신데서 시작합니다.
하나님의 사랑에서 우리는 구원받았습니다.
그렇게 **"자기 아들을 아끼지 아니하시고 우리 모든**
사람을 위하여 내주신 이가 어찌 그 아들과 함께
모든 것을 우리에게 주시지 아니하겠느냐" (로마서8:32)

그러므로 염려하여 이르기를 무엇을 먹을까
무엇을 마실까 무엇을 입을까 하지 말라
이는 다 이방인들이 구하는 것이라 너희 하늘
아버지께서 이 모든 것이 너희에게 있어야 할 줄을
아시느니라 (마태6:31-32)

우리는 하나님이 필요합니다.
그렇다고 예배가, 기도가 '알라딘'의 마술램프의 마왕을
부르듯 하는 것이어서는 안됩니다.
나의 필요를 채우는 것으로서가 아니라
나를 구원하시고 사랑하시는 하나님을 나도 사랑해서

하나님의 필요를 채워드리고 하나님의 영광을 위해 먼저 그 나라와 그 의를 구하는 삶을 사는 것이어야 합니다.

네 마음을 다하고 목숨을 다하고 뜻을 다하고 힘을 다하여 주 너의 하나님을 사랑하라 하신 것이요 둘째는 이것이니 네 이웃을 네 자신과 같이 사랑하라 하신 것이라 이보다 더 큰 계명이 없느니라 (마가12:30-31)

성도는 나의 어떠함에도 불구하고 하나님의 사랑으로 살아가는 것입니다.
우리가 알거니와 하나님을 사랑하는 자 곧 그의 뜻대로 부르심을 입은 자들에게는 모든 것이 합력하여 선을 이루느니라 (로마서8:28)
내 삶의 모든 것이 합력하여 마침내 선이 되게 하시는 하나님의 은혜를 경험하도록
하나님을 사랑하는 자로 살아내시기를 기도합니다.
응원합니다.

선을 넘은 사람
{사사기 16:18-22}

코로나 한가운데서도 하나님이 품으시고 지키셔서 안전하고 평안하시기를 기도합니다.

선을 넘은 사람

군사분계선을 넘으면 안됩니다.

운동경기도 선을 넘으면 아웃, 파울입니다.

삼손은 선을 넘었습니다.

20여년을 사사로 있으면서 하나님이 주신 은사로

자기 정욕과 욕심으로 '자기 소견에 옳은 대로'

살았습니다.

나실인으로 지켜야할 규례를 지키지 못했습니다.

1) 시체접촉금지 - 사자도 죽이고 그 사체 속 꿀을 먹고

블레셋인을 죽이고 무덤산을 쌓음

2) 포도주, 독주 금지 - 딤나 여인과 혼인잔치에서,

가사의 기생, '들릴라'와 함께 즐김

3) 머리털을 깍지마라 - 마지막 하나 남은 규례를

'들릴라'의 유혹으로 깍이고 하나님의 사람으로

마지노선을 넘어갑니다.

무엇보다 부르심의 사명을 감당치 않았습니다.

하나님과의 관계가 깨어졌습니다.

하나님이 떠나셨다.

선을 넘은 삼손에게 하나님이 선을 그으셨습니다.

하나님이 떠났습니다.
머리카락은 시간이 지나 다시 자랐지만(16:22)
삼손의 힘은 돌아오지 않습니다.
머리털에 힘이 있는 게 아니요
하나님께 힘이 있기 때문입니다.
하나님이 떠나시니 괴력의 삼손이 꼼짝없이 잡히고
눈 뽑히고 사슬에 묶이고 맙니다.

믿음으로 산다는 것은 교회 다니는 것을 넘어서
하나님이 함께 하신 다는 것입니다.
예수님의 오심을
"임마누엘 - 하나님이 우리와 함께 계신다" 고 합니다.
하나님을 사랑하고 섬기는 헌신 속에
하나님의 은혜와 능력과 힘이 충만하게 흐릅니다.
하나님이 우리의 삶에 계시게 해야 합니다.

힘이 떠났다.

삼손은 머리털이 힘의 근거라고 생각하지 않았습니다.
그러니 '들릴라'에게 말하고도 태연히 잠들었던 게죠.
그렇다고 자기의 힘이 하나님으로부터 온 것으로도

생각하지 않았습니다.
삼손은 "힘은 원래 내거"요
어떻게 살든지, 무엇을 하든지 힘은 내 권리요
원래부터 내 것이기에 '자기 소견에 옳은 대로' 사는데
주저함이 없습니다.
이것이 인생의 어리석음이요 죄입니다.

원래 힘은 삼손의 것이 아닙니다.
원래 내 것은 없습니다.
머리털이 자랐음에도 힘은 돌아오지 않습니다.
하나님의 것이요 하나님이 주신 것이기 때문입니다.
가지에 열매가 주렁 주렁 맺힌 것은
포도나무에 붙어있기에 가능한 일입니다.
그렇게 하나님께 붙어계셔야 합니다.
하나님이 함께 하셔야 합니다.
하나님이 여러분과 함께 계시도록
왕 자리를, 주인 자리를 내어드리고
하나님이 함께 하는 사람으로
복되게, 빛나게 살아내시기를 축복합니다.

절망속에 핀 희망
{사사기16:18-22}

—

스트레스 반응에서 감사가 핵심적인 역할을 한다고 스트레스 연구로 노벨의학상을 받은 '한스셀리'박사는 말합니다. 스트레스 많은 코로나 한가운데서 감사로 면역력을 키우고 치유의 은혜 누리시길 기도합니다.

깨닫지 못해서

본문은 삼손의 비참한 모습을 보여줍니다.

블레셋 사람들이 그를 붙잡아 그의 눈을 빼고 끌고 가사에 내려가 놋 줄로 매고 그에게 옥에서 맷돌을 돌리게 하였더라 (삿16:21)

이렇게 될 수밖에 없었던 데는 하나님이 떠나셨음을 깨닫지 못한 때문입니다.

삼손이 잠을 깨며 이르기를 내가 전과 같이 나가서 몸을 떨치리라 하였으나 여호와께서 이미 자기를 떠나신 줄을 깨닫지 못하였더라 (삿16:20)

하나님이 떠나셨음에도 그 사실을 인식하지 못 할 만큼 영적으로 무디어져 있습니다.

암이나 뇌, 심장 등의 병은 악화되기까지 발견이 잘 되지 않는데서 위험합니다.

생각나고 깨닫게 (요14:26) 하시는 보혜사 성령님으로 정신차리고 근신하여 기도 (벧전4:7) 함으로

깨닫는 은혜가 있기를 바랍니다.

자라는 머리털

잡혀서 눈 뽑히고 맷돌을 돌리는 절망적 상황 속에 있는
삼손의 머리털이 자라고 있습니다.

그의 머리털이 밀린 후에 다시 자라기 시작하나라 (삿16:22)

하룻밤 자고나면 피곤한 몸이 거뜬해집니다.
하나님의 창조 세계는 회복력이 있습니다.
회복될 뿐만 아니라 더 풍부해지기도 합니다.
절망 속에서도, 감옥에서도, 사자 굴에 던져짐에도
내게 능력주시는 자 안에서 모든 것을 해내는 (빌4:13)
할 수 있는 회복력의 은혜가 여러분에게 있기를
축복합니다.

믿음을 회복해야 합니다.

삼손의 머리털이 자랐음에도
삼손의 힘은 돌아오지 않습니다.
삼손의 힘은 하나님이 주셨던 것이었기에
하나님께로 삼손의 믿음이 회복되어야 합니다.
이 후에 삼손이 소렉 골짜기의
들릴라라 이름하는 여인을 사랑하매 (삿16:4)
자기 정욕을 좇아 '들릴라'를 사랑했던 그 마음을

돌이켜 하나님을 사랑해야합니다.

이스라엘아 네 하나님 여호와께서 네게 요구하시는 것이 무엇이냐
곧 네 하나님 여호와를 경외하여 그의 모든 도를 행하고
그를 사랑하며 마음을 다하고 뜻을 다하여 네 하나님
여호와를 섬기고 (신10:12)

하나님께 드릴 마음을 '들릴라'에게 주고는
눈 뽑히고 힘 잃고 비참한 신세가 된 것입니다.

그 마음을 회복해야합니다.

하나님께서 구하시는 제사는 상한 심령이라
하나님이여 상하고 통회하는 마음을 주께서 멸시하지
아니하시리이다 (시51:17)

여호와의 말씀에 너희는 이제라도 금식하고
울며 애통하고 마음을 다하여 내게로 돌아오라
너희는 옷을 찢지 말고 마음을 찢고 너희 하나님
여호와께로 돌아올지어다 그는 은혜로우시며
자비로우시며 노하기를 더디하시며 인애가 크시사
뜻을 돌이켜 재앙을 내리지 아니하시나니 (요엘2:12-13)

'시간이 지나면 해결될 거야...'
'이 또한 지나가리라' 하면서 스스로 위로해보지만
지나간들 더 큰 문제가 옵니다.
하나님께로 돌이켜야 합니다.
믿음을 회복하여 하나님으로 함께 계시게 하여
어떤 절망 속에서도 소망을 이루시는,
합력하여 선이 되게 하시는,
회복의 은혜와 역사를 경험하게
되시길 중보합니다.

삼손의 기도
{사사기 16:28-30}

—

힘들게 지나온 2021년을
뒤로하고 맞는 2022년의 첫 주일, 더욱 주의
은혜가운데 일상을 회복하는 기쁨의
날을 맞이하시길 중보합니다.

기도가 되야 됩니다.

두 눈을 뽑히고 다곤신전에서 맷돌을 돌리는 처량한
신세가 되어 하나님과 자신도 조롱거리가 되었습니다.
그 절망적 시간에 드디어 삼손이 기도합니다.
**삼손이 여호와께 부르짖어 이르되 주 여호와여
구하옵나니 나를 생각하옵소서 하나님이여 구하옵나니
이번만 나를 강하게 하사 나의 두 눈을 뺀 블레셋
사람에게 원수를 단번에 갚게 하옵소서 하고** (삿16:28)
삼손의 기도가 사라졌던 힘을 되찾게 합니다.
은혜를 회복합니다. 기도가 되야 일이 됩니다.
하나님과의 관계가 회복될 때 진정한 회복입니다.
2022년 새해를 살아갈 때 기도가 되셔야합니다.
기도가 될 때 일이 됩니다.

주 여호와여

그동안 삼손은 자기가 주인이었습니다.
자신의 힘도 원래 내 것이기에 자기욕심을 따라
자기 소견에 옳은대로 행했습니다.
그러나 이제 눈 뽑히고 맷돌을 돌리며 깨닫습니다.
"하나님이 주인, 주권자시구나."

고난당한 것이 내게 유익이라 이로 말미암아 내가 주의 율례를 배우게 되었나이다. (시119:71)

코로나의 시련 속에서 우리의 불신앙을 돌이키고

기도를 회복해야 합니다.

그러나 어리석게도 많은 사람들이

고난은 고난대로 당하면서 유익을 누리지 못합니다.

with Covid.. with God

코로나 한가운데서도 주인, 주권자이신 하나님과 함께

하심으로 우리의 당한 일이 유익이되고

합력하여 선이되는 복을 누리시길...

나를 생각하옵소서.

하나님이 잊을 만한 짓을 했습니다.

하나님이 무시하고 모른척해도 당연합니다.

그러나 한번만 생각해 주시고 기억해주시길 간구합니다.

하나님이 주인이요 주권자이시기에...

그분이 기억하시고 생각해주시면 됩니다.

그래서 기도하는 겁니다.

하나님., 나를 생각하옵소서.

이번만 나를 강하게하사

자기의 괴력이 당연한 것이요 자기 권리기에 언제든
자신이 마음먹으면 발휘될 줄 알았습니다.
그러나 이제는 하나님의 은혜를 구합니다.

믿음으로 사는 것, 삼손이 처했던
마지막 그 자리에 서는 것입니다.
삼손의 이 절규를 힘 빠지기 전에,
눈 뽑히기 선에 이 기도를, 이 자세를 가졌어야 했듯...
매일 아침 눈 떠서 또 하루를 살 때
당연하게 사는게 아닌줄 알아 은혜를 구하셔야 합니다.
2022년, 새해를 당연하게 살 수 있지 않습니다.
하나님이 붙잡아 주셔야 합니다.

당연히 사는게 아닙니다.
당연하게 누리는게 아닙니다.
아침마다, 오늘도... 은혜로!
이번만...금년 한해만 더
힘을 주셔서 하나님의 영광을 나타내게 하옵소서.
그래서 모든 것이 은혜였음을

연말에 크게 감사, 감격의 노래를
부를 수 있기를 소망합니다.

삼손의 잘못
{사사기 16:28-31}

—

내 인생의 전성기가 언제였나요?
나이가 있는 분은 젊었던 때, 젊은이는 아직 안왔다고...
주님과 함께하는 지금, 오늘을 전성기로 누리시기를 중보합니다.

소명의식

삼손은 전성기 시절에 비참한 인생으로 몰락합니다.
그의 최후가 원수를 갚고 장렬히 전사한 듯 통쾌합니다.
그러나 축복으로 시작하여 비극으로 끝난 삼손의
인생은 비통합니다.
삼손은 출생기사에서 보듯 나기 전부터 예정되어
나실인으로 구별되었습니다.
괴력을 은사로 받았음에도 자기 욕심을 좇아 자기 소견에
옳은 대로 인생을 허비하다가 결국 비참한 최후를 맞습니다.
하나님의 사사된 소명 의식이 없었기 때문입니다.

오늘 자랑과 자부심이 있으십니까?
사명입니다.
약함과 어려움이 있습니까?
사명입니다.
기도하여 주의 도우심으로 하나님의 은혜를
증거하심으로 사명을 감당하세요.

성공하고 잘나서만이 아닙니다.
요셉은 노예임에도 함께하시는 하나님으로 형통하여

하나님의 살아계심을 증거합니다.
오늘 내 삶의 어떠함에도 상관없이 하나님을 의지하고
순종하심으로 하나님의 뜻대로 살 때
하나님이 일하십니다.
그 부름을 받은 성도된 복된 신분임을 잊지 맙시다.

은사

나실인으로 구별하고 은사를 주신 이유는
이스라엘을 구원하시게 하려는 기내 때문입니다.
보라 네가 임신하여 아들을 낳으리니 그의 머리 위에
삭도를 대지 말라 이 아이는 태에서 나옴으로부터
하나님께 바쳐진 나실인이 됨이라
그가 블레셋 사람의 손에서 이스라엘을 구원하기
시작하리라 하시니 (삿13:5)
그러나 삼손은 하나님의 기대를 저버리고 하나님이 주신
은사를 여자 쫓는데
다 허비하고 맷돌 돌리는 비참한 신세가 됩니다.

하나님이 내게 주신 것이 무엇인가요?
왜 주셨습니까?

내 자랑과 자부심으로만 갖지 마시고

내 삶의 어디에서도 하나님의 소명을 이루시기를…

각각 은사를 받은 대로 하나님의 여러 가지

은혜를 맡은 선한 청지기 같이 서로 봉사하라.(벧전4:10)

하나님이 함께 하시는 은혜

삼손이 괴력의 힘을 잃어 버린 것이 무엇 때문인가요?

머리카락이 잘려서가 아니라 함께 하신 하나님이

떠났기 때문입니다.

그걸 삼손이 몰랐습니다.

들릴라가 이르되 삼손이여 블레셋 사람이 당신에게

들이닥쳤느니라 하니 삼손이 잠을 깨며 이르기를 내가

전과 같이 나가서 몸을 떨치리라

하였으나 여호와께서 이미 자기를 떠나신 줄을 깨닫지

못하였더라 (삿16:20)

나에게 힘 있으면 하나님이 함께 하시건 떠나시건

중요하지 않았습니다.

돈 있으면 됐지…성공하면 그만이지…

하나님이 계시건 떠나시건 상관 없습니다.

이것이 삼손의 잘못이요 인생의 어리석음입니다.
신앙인의 불신앙입니다.
힘을 자랑하느라 함께하시는 하나님을 몰랐습니다.

주님이 이 땅에 오심을 '임마누엘'이라 하셨습니다.
하나님이 우리와 함께 하심입니다.
1년 365일, 매일을 주님과 함께 하심으로
날마다 성탄절의 기쁨과 평화, 복에 복을
더하여 가시기를 축원합니다.

삼손의 죽음
{사사기 16:30}

—

천국에 가면 놀랄 일이 많을 것입니다.
그 중에 최고는 바로 당신입니다.
온갖 좋은 것들 중에
가장 좋은 것은 분명코 그대입니다.

죽음의 자리까지

삼손의 일생에서 가장 중요한 순간이 언제였는가요?
건강하고 힘 있는 때가 아니고 죽는 때였습니다.
사는 내내 그 누구에게도 책임감 없었던 사람입니다.
자기 하나 죽어버리면 끝나는 인생,
자기 하나만 죽으면 그만인 인생.
이것이 삼손이요 모든 인생에게서 드러나는
하나님 없이 사는 인생의 가장 허망한 내용입니다.
그런네 우리가 만든 최악의 결론인 죽음의 자리까지
하나님이 찾아 오신 것입니다.

죽음 - 삼손의 생애에서 최고의 승리의 순간이요
영광과 한없는 영예가 되었습니다.
하나님으로 내 삶에 오시게 요청하십시요.
삼손이 여호와께 부르짖어 이르되
주 여호와여 구하옵나니 나를 생각하옵소서
하나님이여 구하옵나니 이번만 나를 강하게 하사
나의 두 눈을 뺀 블레셋 사람에게 원수를 단번에 갚게
하옵소서 하고 (삿16:28)

최악의 순간을 최선으로 만드십니다.
죽음까지도 영광입니다.

내 삶에도

이 죽음의 자리에 주님이 찾아오십니다.
삼손은 불신앙으로 자초한 몰락이지만
주님은 우리의 불순종 때문에 대속의 죽음이십니다.
삼손이 죽으면서 죽인 블레셋 사람이
살았을 때보다 많다고 하지만 일시적인 승리일 뿐
예수님의 죽음은 단번에 완전하고 영원한 구원을
이루셨습니다.
그리스도께서도 단번에 죄를 위하여 죽으사
의인으로서 불의한 자를 대신하셨으니 이는 우리를
하나님 앞으로 인도하려 하심이라 (벧전3:18)
우리는 구원받았습니다.
지금 우리의 삶을 지켜보고 계시는 하나님의
손길이 닿아 있다는 사실 입니다.
이것을 모르면 인생은 억울한 것 뿐 입니다.
그저 죽어나는 것 뿐 입니다.
그러나 삼손의 죽음까지도 하나님의 일하심을

보여줍니다.
그 하나님이 우리의 현실 속에서도 일하십니다.
그래서 여러분의 삶에 감사와 넉넉함이 생기게 하실 것입니다.

살아도 죽어도

나의 간절한 기대와 소망을 따라 아무 일에든지 부끄러워하지 아니하고 지금도 전과 같이 온전히 담대하여 살든지 죽든지 내 몸에서 그리스도가 존귀하게 되게 하려 하나니 이는 내게 사는 것이 그리스도니 죽는 것도 유익함이라 그러나 만일 육신으로 사는 이것이 내 일의 열매일진대 무엇을 택해야 할는지 나는 알지 못하노라 내가 그 둘 사이에 끼었으니 차라리 세상을 떠나서 그리스도와 함께 있는 것이 훨씬 더 좋은 일이라 그렇게 하고 싶으나 내가 육신으로 있는 것이 너희를 위하여 더 유익하리라. (빌1:20-24)

바울은 감옥에 있으면서 어찌될지 모르면서도 담대합니다. 기쁨이 넘칩니다.
왜냐하면 모든 것이 하나님 손에 있고

하나님의 손길이 내 인생에 와 있습니다.
살아도 죽어도 좋습니다.
오직 주님이 존귀하게 되신다면(20절)
차라리 죽어 천국 가는 것이 바울은 더욱 좋습니다.(23절)
그런데 사는 것이 너희를 위하여 유익이랍니다(24절)

왜 건강해야 합니까?
왜 성공하셔야 합니까?
"너희를 위하여" 입니다.

살아도 죽어도,
건강해도 연약해도,
성공해도 실패해도
주님이 존귀하게 되어야 합니다.
오늘 하나님의 손길이 닿아 있는 삶으로
하나님께 영광, 그 나라를 세워가는
교회를 위하여 유익이 되시기를 중보합니다.

내 마음대로
{사사기 16:30}

—

지난 20일이 대한(大寒 큰추위),
겨울의 끝절기 입니다.
다음은 입춘(立春), 봄이 옵니다. 그렇게
겨울가고 코로나도 가고.. 추위가 풀리듯,
봄 눈녹듯...할렐루야!

떠도는 레위인

레위인은 성막과 성전을 봉사하며 다른 지파사람들에게
율법을 가르치고 실천하도록 지도합니다.
그래서 11지파의 18개 마을을 배정받아 흩어져 거처하고
11지파가 자신들보다 4배 이상의 생활비를 주어
부족함 없게 함으로 하나님의 일을 감당하게 했습니다.
그런데 지금 레위 청년이 거처할 곳을 찾아 떠돕니다.
왜죠?
하나님 섬기기를 소홀히 하고 말씀에 관심이
없으니 레위인이 홀대당하고 먹고 살길을 찾아
떠돌게 된 겁니다.

하나님이 지키시는 이스라엘이 왜 계속해서
외적의 침입으로 고통을 당하게 되죠?
하나님의 말씀을 버림으로 하나님을 멀리한 때문입니다.

내 마음대로

미가는 '야훼신상'을 만들고 신당까지 지어 모십니다.
제사장의 옷-'에봇'에 '드라빔'까지 그리고 이제는
떠돌던 레위 청년을 제사장으로 들입니다.

기독교가 갖는 중요한 특징은 "계시적"이라는 점입니다.
인간이 찾고..구도...선행...고행으로 하나님을 찾아
갈 수 있는 것이 아니라 하나님이 찾아오시고 보여주셔서
알게 되고 믿어진 것입니다.
신앙은 우리의 이성이나 경험으로 발견되거나
개발 되지 않습니다.
하나님의 계시된 뜻, 말씀을 따름입니다.
내가 원하는 대로..내 마음대로가 아닙니다.
모로 가도 서울만 가면 되는 게 아닙니다.
꿩 잡는다고 매가 아닙니다.
미가가 하나님 형상을 만들고 신당(하나님 집)짓고
제사장모시고..대단한 열심인 듯 하지만
자기 생각, 자기 취향을 따른 것이요
말씀을 따름이 아닙니다.
자신의 취향과 편한 대로 하나님을 개조하려는
인간본성의 죄 - 선악과입니다.

청둥오리는 기러기 과의 철새로 시베리아에서 살며
겨울에 우리나라로 옵니다.
그런 청둥오리를 기르는 농장에 울타리는 있는데

지붕은 없었습니다.

사료를 먹고 배부르고 살쪄서 날아갈 생각을 안 하고

먹을 걱정이 없으니 시베리아에서 우리나라로 올 정도로

날개 힘이 좋은데도 나는 것을 포기한답니다.

편안하고 잘 사는 게 전부가 아니요

내 마음대로 사는 게 잘 사는 게 아닙니다.

쉽고 신나실 수 있지만 구원과 축복이 아닙니다.

좁은 문으로 들어가라 멸망으로 인도하는 문은

크고 그 길이 넓어 그리로 들어가는 자가 많고

생명으로 인도하는 문은 좁고 길이 협착하여 찾는 자가

적음이라 (마태 7:13-14)

이에 미가가 이르되 레위인이 내 제사장이 되었으니 이제

여호와께서 내게 복 주실 줄을

아노라 하니라 (삿17:13)

하나님을 달래고 얼래서 내 소원을 이루는 것을

목적으로 하는 것은 올바른 신앙이 아닙니다.

바른 신앙은 마음과 뜻과 정성을 다하여 하나님을

사랑하여 하나님의 뜻을 섬기는 것입니다.
이것이 제일 큰 계명, 인간의 마땅함입니다.

내 마음대로...아니, 아니, 아니 됩니다.
하나님이 원하시는 것을 내가 하는 것으로
여러분의 생애가 예배가 되시길 바래봅니다.

선택의 기준
{사사기 18:1-10}

—

아직 살아갈 날이 많은 청년에게
물었습니다.
"자네, 언제쯤 죽을지는 알고 있나?"
"글쎄요 그걸 제가 어떻게 알아요?"
"그렇다면 지금 바로 천국을 준비하는 게
좋을 거야!"
분명한 것은 그날이 가까워지고 있음입니다.
범사에 기쁨과 감사, 범사로 천국의
소망을 가진 자 된 삶을 사시길 바랍니다.

그때에

**그 때에 이스라엘에 왕이 없었고 단 지파는
그 때에 거주할 기업의 땅을 구하는 중이었으니 이는
그들이 이스라엘 지파 중에서 그 때까지 기업을
분배 받지 못하였음이라 (삿18:1)**

단 지파가 거주할 땅을 구하는 것으로 사사 시대를 비롯
이스라엘 역사 전반의 "자기 소견에 옳은 대로" 살며
하나님을 왕으로 삼지 않는 이스라엘의 불신앙과
불순종의 '그 때'를 보여줍니다.

단 지파가 거주할 땅을 구하는 중?
모든 지파는 이미 분배받은 땅이 있습니다.
단지파도 중부 해안가 비옥한 땅을 분배받았고
그 땅을 정복하여 차지했어야 합니다.
그런데 그곳의 아모리 족속에게 쫓겨서 (1:35)
분배받은 땅을 자기 것으로 차지하지 못한 겁니다.
하나님께서 살 곳을 정해 주셨지만
힘들다고...십자가 지기 싫다고 제대로 싸워보지도 않고
약속의 땅을 포기하고는 지금 방황합니다.

선택의 기준

단지파가 '라이스'의 땅을 보고 여기다 결정한 것은
이에 다섯 사람이 떠나 라이스에 이르러 거기 있는
백성을 본즉 염려 없이 거주하며 시돈 사람들이 사는
것처럼 평온하며 안전하니 그 땅에는 부족한 것이 없으며
부를 누리며 (삿18:7)
당시의 강대국 '시돈'같았기 때문입니다.

나는 어떤 기준으로 선택하며 살아가는가요?
직업, 결혼, 이사할 집을 선택할 때...
창세기13장에서의 롯이 하나님의 심판받을 죄를 보지
못하고 애굽 같음으로 소돔을 선택한 것으로 낭패당한
것처럼 단지파도 약속의 말씀을 버리고
자기 눈에 보기에 좋은 선택으로 멸망에 처합니다.
역대기의 이스라엘 12지파 족보에 단 지파가
없습니다. (대상2장)
더 두려운 것은 계시록7장에 구원받은 십사만사천명의
이스라엘12지파 중에 단 지파의 이름이 없습니다(계7:4-8)

자기소견에 옳은 대로, 내 눈에 보기에 좋은 대로

하려는 옛사람을 벗어버리도록 기도하셔야 합니다.
그래서 나의 삶의 어떤 순간에도
먼저 그 나라와 그 의를 선택하고 구해야 합니다.
그리하여 단 지파가, 레위 청년과 미가가 얻으려했던
그 모든 것을 더해주시는 하나님의 일하심에
여러분이 증거가 되시길 바랍니다.

말씀하신대로

그렇게 약속의 땅을 포기하고 거할 곳을 찾다가
한가하고 평안한 '라이스'를 칼날로 치며 불로 사르며
잔인하게 정복합니다.
자기 눈에 보기에 좋은 땅을 차지하기 위해서는
잔인할 정도로 열심이면서 하나님이 약속하신 땅은
쉽게 포기하고 물러섭니다.

가나안에서의 분배된 땅은 사명입니다.
정복하여 하나님의 말씀이 흐르게 해야 합니다.
코로나..문제...어려움..시험과 갈등..
거기에 사명이 있습니다.
나 보기에 좋은 대로가 아니라,

자기 소견에 옳은 대로가 아니라 자기를 부인하고
십자가를 지심으로 약속의 말씀을 붙잡고
말씀을 성취하셔야 합니다.
요셉은 노예임에도 그리했고
다윗도 도망자의 가련함 속에서 말씀을 성취합니다.
그 때에 하나님의 약속된 말씀이 내 삶에 성취됩니다.
오늘 너는 알라 네 하나님 여호와께서 맹렬한 불과
같이 네 앞에 나아가신즉 여호와께서 그들을 멸하사
네 앞에 엎드러지게 하시리니 여호와께서 네게 말씀하신
것 같이 너는 그들을 쫓아내며 속히 멸할 것이라 (신9:3)

무엇보다 갈렙의 믿음이 우리에게 있기를 기도합시다.
오늘 내가 팔십오 세로되
모세가 나를 보내던 날과 같이 오늘도 내가 여전히
강건하니 내 힘이 그 때나 지금이나 같아서 싸움에나
출입에 감당할 수 있으니,
그 날에 여호와께서 말씀하신 이 산지를
지금 내게 주소서 (여호수아14:10-12)
당신도 그 날에 들으셨거니와 그 곳에는
아낙 사람이 있고 그 성읍들은 크고 견고할지라도

여호와께서 나와 함께 하시면
내가 여호와께서 말씀하신 대로 그들을
쫓아내리이다 하니

모든 어려움, 문제 속에서 오히려
말씀하신대로 사명의 삶을 살아 함께 하시는
하나님의 은혜와 능력을 증거하시길 축복합니다.

남은 것이 무엇이냐?
{사사기 18:24-31}

—

'프레임 법칙(Frame law)'이란,
똑같은 상황이라도 어떠한 틀을 가지고
상황을 해석하느냐에
따라 사람들의 사고와 행동이 달라진다는
법칙입니다.

예컨대 어떤 병에 물이 절반 들어 있다고 할께요,
이때 A는 "절반 밖에 안 남았네"라고 하였고,
B는 "절반 씩이나 남았네"라고 했을 때
B는 A에 비해서 긍정적이고 낙천적인 성격을 갖고
있다고 해석합니다.
이때 A와 B의 해석의 차이는 두 사람이 갖는
프레임이 다르기 때문입니다.
내 프레임에 갇히지 마시고 주님의 프레임으로,
십자가의 프레임으로 범사가 감사하는 은혜를 누리소서!

남은 것이 무엇이냐

에브라임 산지의 미가는 자신의 성공을 위해 제 어머니의
돈까지 훔쳤고 그런 자식을 어머니는 책망키는 커녕
금 신상에 신당, 가정 제사장까지 두었음에도 결국에는
**미가가 이르되 내가 만든 신들과 제사장을 빼앗아
갔으니 이제 내게 오히려 남은 것이 무엇이냐** (삿18:24)

레위 청년…모세의 손자인 요나단(18;30)은
베들레헴에서
에브라임으로 자기인생을 열어 가고자 했으나

미가의 제사장...단 지파 제사장...세파에 이끌리다가
단 지파의 멸망과 함께 사라집니다.

단 지파도 하나님이 주신 땅을 정복하여 지키지 못한 채
라이스를 침략하여 빼앗지만 얼마 안되어 멸망하고
역대기 족보의 12지파에서 그 이름이 지워지고
하나님 나라의 144,000의 이스라엘 지파에 그 이름이
없습니다.(계7:5-8)

이스라엘이 하나님을 왕으로 계시게 하지 않고
자기 소견에 옳은 대로 살아간 결론을 사사기는
그래서 '내게 남은 것이 무엇이냐?' 고 질문합니다.

지금 우리가 가진 모든 것,
돈, 사업, 직장도 나보다 능력 있는, 인맥 좋은, 운 좋은
누군가에 의해 내 축복의 문이 닫히고
외모와 건강도 세월 앞에 붙잡을 수 없습니다.
죽음 앞에서 우리 인생에 남는 것이 무엇일까요?
전도자가 이르되 헛되고 헛되며 헛되고
헛되니 모든 것이 헛되도다 (전도서1:2-3)

**해 아래에서 수고하는 모든 수고가 사람에게 무엇이 유익한가
내일 일을 너희가 알지 못하는도다
너희 생명이 무엇이냐 너희는 잠깐 보이다가 없어지는
안개니라 (야고보4:14)**

영원하신 주님

양들에게 중요한 것이 무엇일까요?
푸른 초장, 맑은 냇가…
더 중요한 것은 목자입니다.
목자 없이 푸른 초장, 맑은 물가는 잠깐 좋을 수 있지만
100% 위험합니다.
쉴만한 물가, 푸른 초장이어도
목자가 없으면 모든 것이 소용 없습니다.
모든 것이 없어도 목자 되신 주님이 계시면
모든 것이 있는 겁니다.
내 인생의 목자 되시는 주님을 발견하는 것,
축복을 발견하는 것입니다.

코로나 한가운데서 주님을 발견하세요.
더 깊어지고 더 온전한 믿음의 사람으로 훈련하십시요.

그래서 더 바른 자세로...더 충성되게
하나님 나라를 바라보는 믿음의 프레임을
갖게 되길 중보합니다.

예배가 우선입니다
{사사기 19:1-9}

—

103세 되신 장수할머니를 인터뷰합니다.
"장수의 비결이 뭐예요?" "죽지 않는 거지"
"도대체 뭘 드셔요?" "나이를 먹었지"

좋은 것만 드신 조선의 왕들의 평균수명이 47세 랍니다.
함부로 살아선 안 되지만 우리의 애씀으로가 아니라
하나님의 손에 생명과 복이 있으니 의지하고 순종하여
강건하며 형통하여 영광스런 삶을 살아가시길
축복합니다.

정략 결혼

레위인은 말씀에 합당하지 않은 첩과의 결혼으로
직분과 사명을 감당하지 못했고 첩이 기브아에서
성폭행 당하고 그 일이 이스라엘의 내전이 되어
베냐민 지파가 몰락하는 어처구니없는 일로
사사기가 끝나게 됩니다.
그 모든 것이 '자기소견에 옳은 대로' 한
결과 입니다.

2절, 첩이 행음하고 〈아버지 집〉으로 돌아가서
첩의 아버지 집은 사위가 오자 충분히
대접할 정도의 부유한 집이요
반면, 레위의 집은 9절, 〈그대의 집〉
짐승의 털과 가죽으로 만든 장막입니다.
처가의 경제력, 사위의 종교적 권력을 서로가

필요했기에 사랑 없는 결혼을 하고 그래서 행음과
가출, 성폭행의 악순환이 이어집니다.

오늘 우리도 자기욕심을 좇아 말씀을 버리고
자기 소견에 옳은대로 행하는 일에 예외가 아님을
자백하고 "자기를 부인하고 자기 십자가를 지고
주님을 따라야" 하겠습니다.

예배를 우선하라

처가에 머문 지 사흘이 되어 레위가 집으로 돌아가려
하는데 장인이 붙잡는 바람에...다섯 째 날에도
붙잡는 것을 거절하고 떠나게 되지만 너무 늦었습니다.
왜냐하면 내일 오후부터 안식일이기 때문입니다.
밥줄을 유지하기 위해서라도 안식일 예배를 인도해야
했는데 장인의 간청에 조금 더..더...하다가
늦게 출발하고 그 뒤에 불행한 사건이 발생합니다.
아무리 붙잡아도...아무리 급해도...
우리 삶의 우선 순위는 예배가 되어야합니다.

올림픽에 출전한 선수들은 4년간의 시간 동안

자신의 스케줄, 컨디션, 모든 것을 올림픽을 목표로
준비합니다.
그렇듯, 성도는 한주간의 일정, 컨디션, 감정까지도
그 방향과 목표가 예배를 향해야 합니다.

사사기는 바벨론포로기에 쓰여졌습니다.
왜 나라가 멸망했는가? 에 대한
통렬한 회개와 이제라도 돌이켜 예배를 회복하고
예배를 우선하는 제사장 나라가 되라는 것입니다.
하나님은 예배하는 자를 찾으십니다.
우리는 왕같은 제사장입니다.
예배를 우선하고
삶이 예배가 되는 예배자로
감사와 찬송이 넘쳐나는
성도됨을 지켜 가시길 기도합니다.

영접하는 자
{사사기19:10-21}

—

아무리 좋은 조건과 환경이라도
섬김이 없으면 지옥입니다.
서로를 공경해야지 공격하면 안 됩니다.
대접해야지 대적하면 안됩니다.
영접, 대접 함으로 하나님의 자녀 된 권세를
누리소서.

절반의 순종....여부스

여부스는 훗날, 다윗이 점령하여 수도가 되고

성전이 건축되는 이스라엘의 너무도 중요한 땅입니다.

그런데 이런 귀한 지역을 분배받고도 베냐민지파는

차지하지 못하므로 아직 여부스 입니다.

베냐민 자손은 예루살렘에 거주하는 여부스 족속을

쫓아내지 못하였으므로 여부스 족속이 베냐민 자손과

함께 오늘까지 예루살렘에 거주하니라 (삿1:21)

사사기에서 보여주는, 아니 오늘 교회와 성도의 문제는

'절반의 순종' 이요 '선택적 순종' 입니다.

내게 유리하고 좋아 보이는 것, 자기소견에 좋은 것은

순종하고 부담스럽고 고통스러울 것은 회피합니다.

그게 선악과입니다-보암직, 먹음직, 지혜롭게 할...

우리는 온전한 순종을 할 수 없기에 하나님의 영광에

이를 수 없습니다. 그래서 주님이 오셨습니다.

죽기까지 복종하셨으니 곧 십자가에 죽으심이라

그분을 영접해서 내 안에 모셔야 합니다.

그래서 내 안에 계신 주님으로 살아

온전한 순종의 삶을 살아내셔야 합니다.

영접하지 않는 기브아

동족 베냐민지파가 있는 기브아에 왔지만 그 누구도
레위 일행을 영접하지 않습니다.

기브아에 가서 유숙하려고 그리로 돌아 들어가서
성읍 넓은 거리에 앉아 있으나 그를 집으로 영접하여
유숙하게 하는 자가 없었더라 (삿19:15)

나그네를 대접하라는 하나님의 말씀은 잊은 채 자기
소견에 옳은 대로 사는 이스라엘의 모습입니다.

나그네 되었을 때에 영접하지 아니하였고
헐벗었을 때에 옷 입히지 아니하였고 병들었을 때와
옥에 갇혔을 때에 돌보지 아니하였느니라 하시니 (마태25:43)

사람들이 묻습니다.
언제 주님이 나그네 되셨습니까?
지극히 작은 자 하나에게 하지 않는 것이
곧 내게 하지 않은 것이라.

만물의 마지막이 가까이 왔으니 그러므로 너희는
정신을 차리고 근신하여 기도하라
무엇보다도 뜨겁게 서로 사랑할지니

사랑은 허다한 죄를 덮느니라
서로 대접하기를 원망 없이 하고
각각 은사를 받은 대로 하나님의 여러 가지 은혜를
맡은 선한 청지기 같이 서로 봉사하라 (벧전4:7-10)
이 일에 베냐민 지파의 기브아 사람들은
하나님의 백성됨을 상실했습니다.

동병상련

베냐민 지파가 아닌 에브라임 출신으로 기브아에
거주하는 한 노인은 자신이 나그네로 살고 있기에
또 다른 나그네를 영접하고 환대합니다.
"동병상련 - 같은 아픔을 가졌기에 불쌍히 여기다"
이것이 하나님의 백성이 이 땅을 살아가는 원리입니다.
해는 져서 사람들은 자기 처소로 돌아가고 문들은
굳게 닫혔습니다. 나그네는 불안합니다.
그때, 한 노인이 자기 집으로 영접합니다.
그리고 말합니다. **"그대는 안심하라, 그대의 쓸 것을**
모두 내가 담당 할 것이니" (삿19:20)
주님을 보는 듯합니다.
우리는 은혜가 필요한 사람인 것을 아는 사람으로

다른 누군가에게도 이 은혜가 꼭 필요함을 알기에
은혜를 나누는 것이 마땅합니다.

**영접하는 자 곧 그 이름을 믿는 자들에게는
하나님의 자녀가 되는 권세를 주셨으니 (요한1:12)**
하나님께로부터 난 자들은 영접하는 자입니다.
이 일에 이스라엘이 실패했습니다.
주님이 지금도 문을 두드리십니다.
**볼지어다 내가 문 밖에 서서 두드리노니 누구든지
내 음성을 듣고 문을 열면 내가 그에게로 들어가
그와 더불어 먹고 그는 나와 더불어 먹으리라 (계3:20)**
주님을 우리의 왕으로 모셔 주님이 옳으신 대로
이루어지는 교회를 이루고 삶을 살아야겠습니다.

우리는 은혜 없이는 살 수 없습니다.
먼저 은혜 받은 사람으로 은혜를 나누고
영원한 본향을 향해 가는 나그네로 이 땅의 나그네를
향해 손 내밀고 영접하는 교회와 성도가 되어야겠습니다.
세상이 주님을 보는 듯하게 하셔야합니다
부지중에 천사를, 주님을 대접할 것입니다.

누가 이겨도
안 좋다
{사사기 20:1-11}

—

둘 중 하나는 죽어야만 끝나는 싸움을
세상은 계속합니다.
드라마 오징어 게임에서
"이러다 우리 다 죽어!"
그렇게 마지막 때가 가까워 오는 게
아닌지요? 마지막 때에 믿음을
보여야(눅18:8) 합니다. 모든 겸손과 온유로
하고 오래 참음으로 사랑가운데 서로
용납하고(엡4;2)

하나님께 묻지 않았다

이에 모든 이스라엘 자손이 단에서부터 브엘세바까지와 길르앗 땅에서 나와서 그 회중이 일제히 미스바에서 여호와 앞에 모였으니 (삿20:1)

레위인이 자기 첩의 시신을 12지파에 보낸 일로 충격에
빠져 베냐민 지파를 제외하고 이스라엘이 미스바로
모였습니다.
칼을 빼든 보병이 40만 명이나 됩니다.
모압, 블레셋, 가나안 족속의 침략과 압제에는
제대로 대항도 못 하고 싸우려 나서는 군사도 얼마 안
되더니(4:6,5:16-17) 형제 지파와 싸우는 일에
'일제히'(1절) 합심하여 하나가(11절) 됩니다.

'이스라엘 모든 지파'의 만연한 영적 부패와 잔인함이
드러난 것인데 마치 자신들은 아니라는 듯,
상관없는 것처럼 칼을 빼 듭니다.
미스바는 하나님의 뜻을 묻고 나를 돌이키는
회개의 장소임에도, 여호와 앞에 모였음에도,
하나님의 뜻을 묻지 않고 자기들의 의견과 방책으로 (7절)
자기의 소견에 좋은 대로 하나님이 허락할 리 없는

동족 간에 전쟁을 시작합니다.

무엇을 위해

사실을 조사하고 진실을 파악하려 하지 않고
심판자가 되어 베냐민에게 일방적으로 전쟁을 선포하고
시작한 전쟁에서 40만의 연합군이 이만육천의 베냐민 군대에
연거푸 2번이나 패하고 4만 여명의 군사를 잃습니다.
전쟁의 핵심을 전혀 모르고 있습니다.
잔혹한 범죄가 일어난 것의 근본 원인이 무엇인지를 모릅니다.
본질적인 문제는 이스라엘이
'하나님과의 관계를 끊어버렸다' 는 점입니다.
울며 금식하고 부르짖어 (삿20:23,26절) 기도하지만
칼부림과 살육만 있습니다.

율법의 정신과 목표는 사랑입니다.
하나님이 사랑이시기 때문입니다.
세상에서는 잘못하면 죽이고 죽는 것 외에
다른 방법이 없습니다.
그런 세상에서 이스라엘과 성도는
우리가 누구인지를 드러내야 합니다.

사랑과 용서, 관용을 나타냄으로
사망이 이기는 세상에서 생명이 이기는
십자가로 구원받은 자, 하나님이 계시는
하나님의 자녀된 정체성을 나타내야 합니다.
이 일을 이스라엘은 망각하고 있습니다.

'가나안화' 된 이스라엘

누가 이긴들 상처 뿐인 영광이요 둘 다 진 싸움입니다.
하나님 백성의 모습이라고는 찾아 볼 수 없이
가나안화 되었기에 패배한 베냐민 지파의 성읍들을
몰살하고 불사르는데 열심 합니다.
하나님의 말씀을 따라 가나안을 진멸하는 데에는
소홀하더니(삿1:27-36.2:2) 동족을 진멸하는 일에는
과도하기까지 폭력을 행사합니다.

내가 '옳다' 는 것을 확인하려고
인류는 내내 서로 죽고 죽여 왔습니다.
자기처럼 옳지 않다고 죽이고
그렇게 당한 자들이 보복하고
'죽고 죽이고' 가 쌓여 온 것이 역사입니다.

그 역사 속에 "예수 그리스도"가 빛으로 오셨습니다.
이기지 않아도, 죽이지 않고도 살 수 있습니다.
누가 이겨도 하나님께는 상관없습니다.
져도 되고 질 수 있습니다.
이기겠다는 사람을 위해 기도해 줄 수 있는
넉넉함으로 우리는 하나님의 자녀입니다.

선으로 악을 이기는 얼마나 멋진 배역을 맡은 것인지를
아셔서 하나님이 원하시는 것을 하는 용기와 지혜를
기도하시기를 축복합니다.

비극과 모순
{사사기 21:1-7}

—

아무리 큰 잘못도
사랑하면 용서하게 됩니다.
별 것 아닌 실수인데
미워하면 용서되지 않습니다.

저지른 잘못의 문제가 아니라
내가 사랑하느냐 입니다.

복수혈전

사사기는 무슨 이런 내용이 있을까 싶을 만큼
정신이 없습니다.
베냐민 지파의 악행을 진멸하고는
한 지파가 없어지게 된 사실에
통곡하며(2절) 하나님께 원망을 늘어놓습니다.
자업자득 아닌가요?

그래놓고는 베냐민을 위한다고 야베스 길르앗 주민들이
미스바에 안 온 것을 빌미로 또 칼날로 쳐서 진멸하고
젊은 처녀 사백 명을 주고도 모자라니 실로의 축제에
처녀들을 업고 도망가라고 합니다.
이 이야기로 사사기는 막을 내립니다.

내세운 명분과 속 깊은 진심이 만들어 내는
모순과 비극이 이스라엘의 모습이고 실력입니다.
옳다고 여기는 일을 위해
평화를 가져다준다고(13절) 하는 일에
기만과 폭력 외에는 아무것도 없습니다.
오히려 원한과 비극만 남습니다.

끝없는 복수혈전입니다.
곤경을 해결할 능력이 우리에게는 없습니다.

살아온 우리인생에서 이것이 정답,
저것이 정답이라고 애써 보았지만
답이 아니었음을 경험하셨을 것입니다.

사랑, 기다림

사랑은, 상대를 위하는 것이고
기다려주는 것입니다.
하나님은 사사기 내내
이스라엘을 한없이 기다리십니다.
우리의 선택을 존중하시고 기다리십니다.

우리에게 해결할 능력이 없음을 알고
하나님을 향하여 부르짖기를....
기다리고 계셨습니다.

사랑하기에 기다리시는 비통한
하나님의 마음을 읽어낼 수 있어야 합니다.

하나님의 뜻과 진심,

"허랑방탕하여 잃어버린 재산은 아무래도 상관없다."

"내 아들이 돌아왔다."

잃어버린 재산과는 비교할 수 없는 기쁨인 것을

우리는 왜 아직도 모를까요?

돌아온 탕자를 맞는 아버지가 되어 살라고

사사기는 말씀하고 있습니다

왕이 있다면

사사기는 이 말씀으로 마무리합니다.

그때에 이스라엘에 왕이 없으므로

사람이 각기 자기의 소견에 옳은 대로 행하였더라 (삿21:25)

왕이 있었다면 좀 나았을까요?

이스라엘은 왕이 없던 시대보다 그리 나을 것 없는

역사를 이어가다 결국은 망합니다.

왕이 없어서 몰랐다.

왕이 없어서 못했다.

그러나 왕이 있을 때에도 잘하지 못했습니다.

그런데 이런 역사에도 하나님은 일하시고
하나님의 은혜를 담으십니다.
우리가 선택한 죄와 마땅히 받아야 할 심판까지
오셔서 일하시고 우리를 포기하지 않으십니다.
우리의 어떠함에도 하나님이 책임지십니다.
예수님이 오셔서 우리가 죽인 죽음에도
생명과 부활을 만드시고 구원을 성취하셨습니다.
하나님이 우리의 왕이십니다.

하나님의 나라
하나님이 왕이신 세상,
거기에는 어떤 인생도 어떤 환경도
은혜가 품지 못할 것은 없음을
사사기에서 말씀하시니
하나님 나라의 백성으로 얼마든지
담대하시기를 축복합니다.